古典文獻研究輯刊

二六編

潘美月・杜潔祥 主編

第 13 冊

清季布魯克巴（布丹）漢文史料輯註（上）

蔡 宗 虎 輯註

國家圖書館出版品預行編目資料

清季布魯克巴（布丹）漢文史料輯註（上）／蔡宗虎　輯註 ——
初版 —— 新北市：花木蘭文化事業有限公司，2018〔民107〕
序 2+ 目 2+158 面；19×26 公分
（古典文獻研究輯刊 二六編；第 13 冊）
ISBN 978-986-485-357-1（精裝）
1. 外交史　2. 史料　3. 清代
011.08　　　　　　　　　　　　　　　　　107001772

ISBN-978-986-485-357-1

9 789864 853571

古典文獻研究輯刊
二六編　第十三冊　　　　　　　　ISBN：978-986-485-357-1

清季布魯克巴（布丹）漢文史料輯註（上）

輯 註 者　蔡宗虎
主　　編　潘美月　杜潔祥
總 編 輯　杜潔祥
副總編輯　楊嘉樂
編　　輯　許郁翎、王筑　美術編輯　陳逸婷
企劃出版　北京大學文化資源研究中心
出　　版　花木蘭文化事業有限公司
發 行 人　高小娟
聯絡地址　235 新北市中和區中安街七二號十三樓
　　　　　電話：02-2923-1455／傳眞：02-2923-1452
網　　址　http://www.huamulan.tw 信箱 hml810518@gmail.com
印　　刷　普羅文化出版廣告事業
初　　版　2018 年 3 月
全書字數　262533 字
定　　價　二六編 25 冊（精裝）新台幣 48,000 元

作者簡介

蔡宗虎，甘肅省平涼市人，二〇〇〇年畢業於哈爾濱工業大學，獲工學學士學位，二〇〇五年畢業於西安交通大學，獲工學碩士學位，爲史地愛好者。

提　　要

　　不丹爲藏人一部落，位於喜馬拉雅山之南麓，今爲印度所牢籠。藏文史籍稱之爲洛域，即南方之地也，因其地位於西藏之南，稱其人爲洛巴，即南方之人也。或稱其地爲主域，即信奉主巴噶舉之地，稱其人爲主巴意即信奉藏傳佛教主巴噶舉派之人。藏人亦有稱其爲門域，門巴者，乃意爲邊遠之地與邊遠地方人也。藏文主巴一詞滿文對音爲布魯克巴，故清代漢文文獻據滿語發音稱其爲布魯克巴。此部落吐蕃時期即已納入西藏之治下，《敦煌本吐蕃歷史文書》屢載之。本書即蒐羅其地之漢文史料，並就己能多所註釋。內容自明萬曆四十四年即清天命元年西藏熱隆寺僧人阿旺朗吉流亡其地統一之，和碩特蒙古統治西藏時期與西藏屢次之衝突，頗羅鼐納入西藏之治下，清帝之頒敕書印信，內部衝突之辦理，直至清朝末年英國之入侵漸爲英人牢籠之史實。

自　序

　　今日之所謂不丹者，爲藏人一部落也，位於喜馬拉雅山之南麓。不丹之稱謂爲近代西方諸強入侵亞洲大陸暨西藏後之稱謂也，意爲西藏末端也，起初所用者亦雜，若布坦（《西藏奏議》），布屯（《西藏圖考》），布丹（《西藏奏議》《清代西藏奏牘》），皆譯音用字不同也。

　　藏文史籍之稱謂多爲洛域，即南方之地也，因其地位於西藏之南，稱其人爲洛巴，即南方之人也。或稱其地爲主域，即信奉主巴噶舉之地，稱其人爲主巴意即信奉主巴噶舉之人，主字者於藏文即龍也。藏人亦有稱其爲門域，門巴者，乃意爲邊遠之地與邊遠地方人也。藏文主巴一詞滿文中對音爲布魯克巴，故清代漢文文獻中據滿文發音稱其爲布魯克巴、布嚕克巴，用字不同也。然布魯克巴一詞非專用也，如上指出者，布魯克巴乃主巴滿文發音之漢寫也，故藏地之主巴噶舉、主巴活佛於清代漢文史籍中亦稱爲布魯克巴教、布魯克巴活佛也。爲與史料之統一，下文均習稱其爲布魯克巴也。布魯克巴亦有一名爲洛門卡希，意爲南方四門之地。

　　中國大陸地區有關布魯克巴之漢文史料絕少，史料價值最大者爲譯自印度之《現代不丹》一書，該書引用之藏文史料有《布丹王統記》及《南國法源〈布丹佛教史〉》，且明言《布丹王統記》不知作者及成書年代，據中國大陸出版之《西藏通史——松石寶串》附錄之書目知中國大陸有《布丹教法史——依怙善願串珠》一書，且署作者之名，想可知成書之年代，史料價值更大，然該書既未見藏文版之出版，亦未見譯有漢文者。近年有扎洛所著之《清代西藏與布魯克巴》一書出版，爲作者博士論文改寫者，作者前後歷十餘年，蒐羅大陸及臺灣所藏關涉布魯克巴之史料，引用布魯克巴之藏文及國外之英

文史料亦夥，該書爲有關布魯克巴不多見之書籍也。另有吳豐培先生蒐集整理之《清光緒朝布魯克巴秘檔》，可能即爲全國圖書館文獻縮微複製中心二〇〇四年六月出版之《西藏奏議　川藏奏底合編》一書之內容。

　　而布丹因其鎖國閉關之政策，幾爲神秘之代名詞，國人於其知之甚少，遑論其與中國之關係哉。本人喜讀藏史，偶見史籍所載布丹本西藏之屬部，尚驚詫之，細蒐羅之，始知吐蕃時期布丹即已納入治下，《敦煌本吐蕃歷史文書》多載此部落之叛服無常，吐蕃贊普多次征服並駐紮此地，且於此地多次集會議盟，修建寺廟於其地，其之人民藏化已久，清時期更爲西藏之屬部，實不虛也，而國人尚知之否。故余於讀書之暇，將所見之關涉布魯克巴之漢文史料整理之，並盡己能稍爲注釋，以供同好者一觀。

丙申年九月

目

次

下　冊

西藏所屬布嚕克巴番人

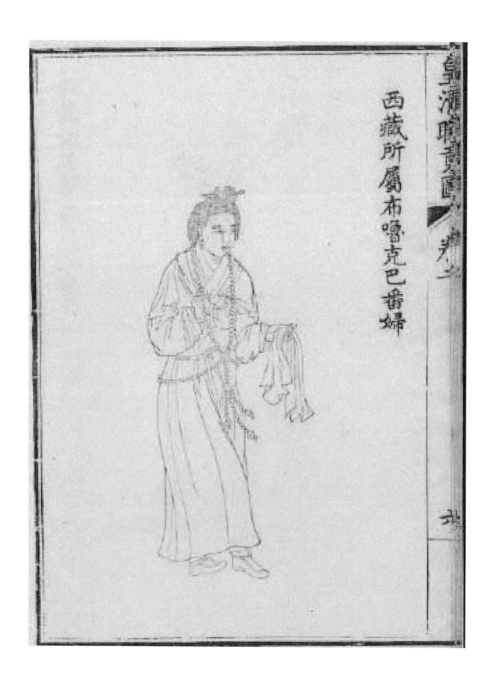

西藏所屬布嚕克巴番婦

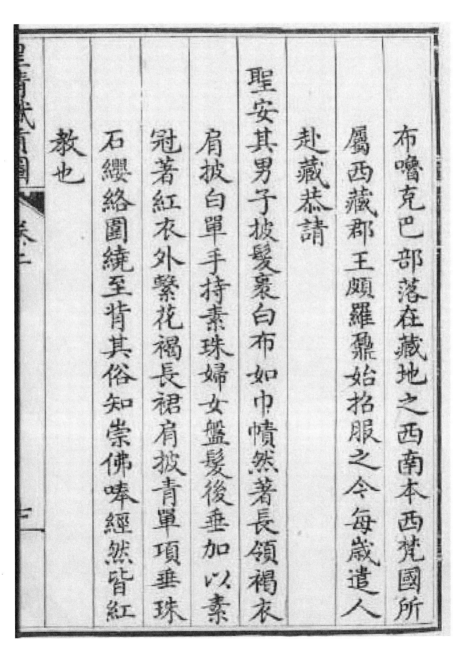

布嚕克巴部落在藏地之西南本西梵國所

屬西藏郡王頗羅鼐始招服之令每歲遣人

赴藏恭請

聖安其男子披髮裹白布如巾幘然著長領褐衣

肩披白氊手持素珠婦女盤髮後垂加以素

冠著紅衣外繫花褐長裙肩披青單項垂珠

石纓絡圍繞至背其俗知崇佛唪經然皆紅

教也

以上三圖輯自《皇清職貢圖》卷二

凡　例

　　一　人名與地名之注釋，藏人之人名譯寫用字多不同，本書行文多採舊寫且用字典雅者，若西元一六一六年流亡布魯克巴而統一其地之人，行文取《西藏奏議　川藏奏底合編》載之名作阿旺朗吉，而非《現代不丹》所作之阿旺納姆加爾，今稱不丹者，用不字名部落名，實屬不當，故本書名及行文皆用《西藏奏議》所用之布丹。

　　二　關於西藏與唐古忒之區別，今日常稱之西藏者，乃自清代內地漢人之稱呼也，藏人自稱其名爲「蕃」，蒙古人稱西藏爲「唐古忒」，清制，西藏設駐藏大臣與達賴喇嘛、班禪額爾德尼三者以統藏事，且三者平行，故本書行文稱唐古忒、甘丹頗章者則爲以達賴爲領袖之藏方也，稱西藏者則爲駐藏大臣與達賴喇嘛、班禪額爾德尼之統稱也。所謂甘丹頗章者乃哲蚌寺一殿堂，爲五世達賴移居布達拉宮之先所居之宮殿，藏人以宮殿名代指達賴喇嘛之政權也。

　　三　關於注釋，本書有三種，本書引用之史料多藏文譯漢者，譯者之注釋稱「譯註」；藏文史籍流傳之間多有書籍持有者之注釋，與史籍之閱讀大爲方便，譯爲漢文時亦譯之，稱之爲「原註」；編者本人於史料之注釋稱爲「註」。

清代史籍於布魯克巴之記載

清代史籍於布魯克巴多有記載，雖隻言片語，令人有疏略之嫌，然於檔案史料公佈之先，爲關涉布魯克巴之珍稀史料，近代以來，學風爲西方實證主義影響甚烈，學人於我古代史籍多詬病之，豈知地下之發掘多偶然性，於史籍可補而不可替也，當檔案史料公佈之後，亦可互相印證之，可知史籍之記載不謬也。

《皇清職貢圖》載西藏所屬布嚕克巴

布嚕克巴部落在藏地之西南，本西梵國所屬，西藏郡王頗羅鼐〔註1〕始招服之，今每歲遣人赴藏恭請聖安〔註2〕，其男子披髮裹白布如巾幘然，著長領褐衣，肩披白單，手持素珠，婦女盤髮後垂，加以素冠，著紅衣，外繫

〔註1〕 頗羅鼐，《欽定西域同文志》卷二十四載，坡拉鼐索特納木多布皆，轉音爲頗羅鼐索諾木多布皆，原官第巴，授札薩克頭等台吉，辦噶卜倫事，累封至郡王，賜印信，按坡拉鼐爲索特納木多布皆所居室名，漢字相沿止從轉音稱頗羅鼐。康熙五十九年清兵定藏，封頗羅鼐一等噶布倫，辦理達賴喇嘛商上事務，旋封爲一等台吉，管理後藏扎什倫布一帶地方兵馬事務。雍正五年西藏噶隆阿爾布巴等作亂，殺總理西藏事務貝子康濟鼐，頗羅鼐舉後藏兵與之戰，俘阿爾布巴等，查朗阿率清軍入藏，誅阿爾布巴等十七人，遷七世達賴喇嘛至泰寧。清廷封頗羅鼐爲固山貝子，總理藏務，成爲事實上甘丹頗章之領袖，雍正九年晉封多羅貝勒，乾隆四年晉封多羅郡王，乾隆十二年卒。

〔註2〕 布魯克巴自雍正十三年收歸清廷，具結每年遣使赴藏恭請達賴喇嘛，駐藏大臣安，并恭進禮物，達賴喇嘛，駐藏大臣亦額頒禮物，是爲定制，遣赴來藏之使節稱之爲洛恰。

花褐長裙，肩披青單，項垂珠石纓絡圍繞至背，其俗知崇佛唪經，然皆紅教〔註3〕也。（《皇清職貢圖》卷二，頁一六五）。

《欽定大清會典理藩院事例》載布魯克巴

十二年〔註4〕，又封布魯克巴呼畢勒罕〔註5〕喇嘛扎爾西里布魯克顧濟，為掌管布魯克巴黃教〔註6〕扎爾西里呼畢勒罕，諾顏林沁齊雷喇卜濟為額爾德尼第巴〔註7〕，噶畢多魯卜為掌管地方噶畢多魯卜喇嘛，各給予敕印。（《欽定大清會典理藩院事例》卷九七八）。

《西藏志》載布魯克巴

又布魯克巴一族，離藏西南約行月餘。其罕諾彥林親乃紅帽〔註8〕之傳，天道頗暖，物產與中國相仿，南行月餘即天竺國界，考其地，唐時歸順，賜冊印，其文曰唐師國寶之印六字，外有噶畢一族，原係諾彥林親所分者，日久其勢漸大，後諾彥林親之呼圖克圖〔註9〕楚克賴納木查爾至噶畢地方，噶畢即留不放歸，諾彥林親屬下地納，瓦納二處百姓時潛赴噶畢朝禮，由是二家成隙，互相仇殺，噶畢力弱。於雍正十年投奔頗羅鼐。發兵助之，敗諾彥林親於界地，諾彥林親亦遣使於駐藏大人處歸誠，並請赴京進貢，彼時以兩家正當仇殺之際。留使在藏，備敘投誠進貢，並兩造仇殺緣由具奏，次年，差官前赴二家排解不就，復於冬十月差陝西督標前營游擊和尚，同頗羅鼐所差

〔註3〕紅教，現在一般指寧瑪派，這裡指藏傳佛教噶舉派。
〔註4〕指雍正十二年。
〔註5〕呼畢勒罕，藏傳佛教之活佛圓寂後所再生之下輩活佛也，漢人習稱之為靈童，清制，活佛所出之靈童於未成年掌事之先祗可稱之呼畢勒罕，成年掌事之後方可稱呼圖克圖。亦有僅以呼畢勒罕而稱之活佛。
〔註6〕黃教，即宗喀巴所創之格魯派。宗喀巴，《欽定西域同文志》卷二十三載，宗喀巴羅布藏扎克巴，衛地始興黃教之祖，生於宗喀，至衛建噶勒丹寺，闡揚法教衣鉢，開先一支八葉，相傳為曼殊師利之呼畢勒罕云。宗喀即藏人於青海之稱，宗喀巴生於青海西寧附近，今日之塔爾寺者即相傳為宗喀巴誕生之所。噶勒丹寺，今常譯其名甘丹寺，黃教三大寺之一，宗喀巴圓寂於該寺。
〔註7〕第巴，亦稱牒巴、第悉、第司，藏人於官之統稱，大者總理藏事，小者一村之長亦有稱第巴者。
〔註8〕紅帽，這裡之紅帽似指噶舉主巴派。
〔註9〕呼圖克圖，即活佛之蒙古語也，蒙藏二民族聯繫緊密，藏地自元朝始納入治下，明末藏傳佛教廣行於蒙地，蒙人皈依之，蒙語廣行於藏族上層，清時期，清廷亦多借蒙人以統治藏地，故清代檔案中藏地之記錄多蒙語。

噶隆〔註10〕，鐘子〔註11〕以及外委人員前赴適中之汪則城〔註12〕解勸和合，取永和印契，帶二家貢使，於甲寅〔註13〕年正月旋藏，差員伴送赴京，蒙世宗憲皇帝賞賜敕印，遣〔註14〕員護送，於雍正十三年夏五月到藏，噶畢東魯卜喇嘛卒，於是地土人民仍歸諾彥林親管轄，其不願附之番民一百餘戶，奏明給與牛種安插商約〔註15〕之汪則地方。乾隆元年春，諾彥林親齊拉卜濟親身赴藏，朝拜達賴喇嘛〔註16〕畢，於是年秋八月五日始回，附譯出奏書云。

　　天下含生共戴滿洲西立大主明鑒，微末布魯克巴喇嘛扎爾薩立布魯克谷濟，諾彥林親齊類拉卜濟等焚香望闕，合掌叩頭謹奏，為恭請聖安，仰乞天恩事。西陲愚眾，不知善惡，妄行仇殺，西藏貝勒〔註17〕致書諭宣大主天恩

〔註10〕 噶隆，《欽定理藩部則例‧西藏通制》載其名噶布倫，亦譯噶卜隆，噶倫，噶倫等，清制，西藏額設噶布倫四人，三品，總理西藏大小事務，其中一七五一～一八○四年，一八七八～一九五九年間四人之中一名為僧人，其餘時間皆為俗人擔任之。

〔註11〕 鐘子，西藏官職之一種，今常譯為仲孜。

〔註12〕 汪則，汪疑為江之誤，抑或起初該地即譯寫為汪則，江則城即今西藏之江孜縣，《欽定理藩部則例‧西藏通制》載名江孜，今亦沿用之。江孜雖不鄰邊，然沃野百里，物產饒裕，亦為控馭哲孟雄，布魯克巴，廓爾喀諸部落之通衢重鎮，故清制江孜為大缺營官，秩五品，二人。綠旗駐守備一員，外委一員，兵二十名，藏軍駐四品戴琫一員率軍五百以駐守之。

〔註13〕 甲寅，即雍正十三年，藏曆第十二饒迴木虎年，西曆一七三四年。

〔註14〕 原文作邊，今改正。

〔註15〕 商約，疑為商上早期之譯名，商上為達賴喇嘛錢糧之所，清時期，代理商上事務即俗稱之攝政，為達賴喇嘛圓寂後後輩達賴未成年掌事之先代行達賴喇嘛職權地位尊崇之大喇嘛。

〔註16〕 達賴喇嘛，指第七輩達賴喇嘛羅桑格桑嘉措（一七○八～一七五七年）。生於里塘，西藏喇嘛及青海蒙古認之為第六輩達賴喇嘛倉央嘉措之轉世，時主藏政之拉藏汗已縛送第巴桑結嘉措所立之倉央嘉措於清廷，另立一喇嘛為第六輩達賴喇嘛清廷且敕封之，故拉藏汗與清廷皆不認之，拉藏汗欲遣人戕之，青海蒙古迎之至青海，清聖祖慮起釁，詔遷之至塔爾寺。康熙五十四年，準噶爾據藏，殺拉藏汗，康熙五十七年清廷命額倫特率軍自青海進軍西藏，全軍敗沒，康熙五十九年，清廷二次進軍西藏，封其為弘法覺眾第六輩達賴喇嘛，四月二十二日行冊封禮，康熙五十九年九月十五日於布達拉宮坐床。雍正元年二次封其為西天大善自在佛所領天下釋教普通瓦赤喇怛喇達賴喇嘛。雍正五年阿爾布巴之亂，達賴之父索諾木達爾扎實黨之，及亂平後，清世宗慮頗羅鼐與之不睦，遷泰寧，雍正十三年，返西藏，與頗羅鼐及繼其父主藏政之次子珠爾默特納木札勒不相能，清高宗調解之，雍正十五年珠爾默特納木札勒被誅，乾隆十六年清高宗命其主持藏事，乾隆二十二年即藏曆第十三饒迴火牛年圓寂。

〔註17〕 貝勒，指頗羅鼐，頗羅鼐於雍正九年封貝勒爵，布魯克巴內附清廷之時頗羅

仁化，我等不勝欣感。遣使至大人，貝勒處乞准歸命，復蒙大主賜以生平未睹之異數，天恩遠賁，黃金滿世界矣。如天之大恩，實萬世不能圖報，惟有感激恭謝天恩。但布魯克巴人愚如獸，不知法教，因與噶畢屢次構禍，蒙駐藏大人轉奏，特遣官員，噶隆爲我等和解，又蒙西藏貝勒親至則江宣諭大主天威仁化，分晰利害，每處安一牒巴照看辦事，諄諄致書教訓，我等俱各感激，欣然和好。自今以後，惟有感戴皇恩，永遠安樂。敬求者，布魯克巴人等多有不知法度者，求大主賞以敕印，以便管轄。且愚人上畏天威，各守法度，不致生事，世世子孫，永得安生者，皆大主再造之恩。於大主別無所思，伏乞憐憫，時降教訓，鑒之鑒之。爲此特差格隆〔註18〕巴爾沖恭請聖安，伏乞天恩，竝獻土產，各色卡契〔註19〕帶五條，卡契緞一疋，珊瑚一串一百零八箇，蜜蠟一串三十六箇，五色花布四疋，布魯克巴布二十疋，卡契小刀一把，銀碗一個。月之吉日奏。

　　天下含生共戴滿洲西立大主明鑒，微末布魯克巴噶畢東魯卜喇嘛焚香望闕合掌叩拜謹奏，爲恭請聖安，仰祈天恩事。東魯卜上合天心，恭順歸命，仰賴大主恩威，安生樂業。恭請聖旨之時，蒙賜以有生未見異數大恩，噶畢東魯卜不勝欣感，經恭謝天恩，實不但今生，雖萬萬世不能仰報，惟有三寶佛前虔誠諷經祝滿洲西立大主萬萬年耳。但布魯克巴人等生性愚昧如畜，屢年生隙仇殺，駐藏大人奏明，大主普愛生靈，差官、噶隆等爲我等和解，貝勒又親至則江宣諭天威仁化，分晰利害，教訓和好，各處差牒巴一名照看辦事，復致書教訓，如幼兒得母，欣感無既，今復和好，惟感大主庇祐天恩，永爲安樂而已。拜求者西立大主憐憫愚生，賜以敕印，得賴恩威，便於管轄，所賜五城人民，彼此知敬畏，各守法度，以安其生，此滿洲西立大主憐憫再造之恩也。鑒之鑒之。爲此，特差使者商納克諾爾布恭請聖安，仰祈天恩，竝獻土物奏書，哈達一箇，珊瑚八箇，小珊瑚七十箇，金絲織成花緞一疋，

蕭爵貝勒。

〔註18〕格隆，即比丘，又名淨乞食，乞士，是受持《毗奈耶經》中所述二百五十三條戒律的僧侶。

〔註19〕《衛藏通志》卷十五載，卡契在布嚕克巴之南，乃回民一大部落，其地人民織金銀絲緞綢各色花布等物。此記載與布魯克巴進貢之織物禮物符，此處所言卡契之位置當爲今孟加拉國。而和寧《西藏賦》自注，卡契精心於買賣，西域回部，名喀什米爾，又名纏頭，又名卡契，以白布纏頭，精於貿易，在藏住者有頭目三人彈壓之。由此知之，清時期將孟加拉國之回教徒與克什米爾之回教徒統稱卡契也。而《西藏志》則將纏頭與卡契相區分之。

花布三疋，象牙一根，卡契帶五條，白卡契布三十疋，蜜蠟一串一百一十五箇。月之吉日奏。（《西藏志》頁一四八）。

《衛藏通志》載布嚕克巴

藏西南約行月餘。其罕諾彥林親乃紅帽之傳，天道頗煖，物產與中國相仿，南行月餘即天竺國界，考其地唐時歸順，賜冊印，其文曰唐師國寶之印六字，外有噶畢一族，原係諾彥林親所分者，日久其勢漸大，後諾彥林親之呼圖克圖楚克賴納木扎爾至噶畢地方，噶畢即留不放歸，諾彥林親屬下地納，瓦納二處百姓，時潛赴噶畢朝禮，由是二家成隙，互相仇殺，噶畢力弱。於雍正十年投奔頗羅鼐，發兵助之，敗諾彥林親於界地，諾彥林親亦遣使於駐藏大臣處歸誠，並請赴京進貢，彼時以兩家正當仇殺之際，留使在藏備敘投誠進貢，並兩造仇殺緣由具奏，次年，差官前赴二家排解不就，復於冬十月差陝西督標前營游擊和尚，同頗羅鼐所差噶布倫、鐘仔以及外委人員前赴適中之汪則〔註20〕城解勸和合，取永和印契，帶二家貢使於甲寅年正月旋藏，差員伴送赴京，蒙世宗憲皇帝賞賜敕印，遣員護送，於雍正十三年夏五月到藏，噶畢東嚕卜喇嘛卒，於是地土人民仍歸諾彥林親管轄，其不順附之番民一百餘戶，奏明給與牛種安插商約之汪則地方。乾隆元年春，諾彥林親齊類拉卜濟親身赴藏，朝拜達賴喇嘛畢，於是年秋八月五日始回，附譯出奏書云。

天下含生共戴滿洲西土〔註21〕大主明鑒，微末布嚕克巴喇嘛扎爾薩立布嚕克谷濟，諾彥林親齊類拉卜濟等焚香望闕，合掌叩頭謹奏，為恭請聖安，仰乞天恩事。西陲愚眾，不知善惡，妄行仇殺，西藏貝勒致書宣諭大主天恩仁化，我等不勝欣戴。遣使至大人，貝勒處，乞准歸命，復蒙大皇帝賜以生平未睹之異數，天恩遠賁，黃金滿世界矣。如天之大恩，實萬世不能圖報，惟有感激恭謝天恩。但布嚕克巴人愚如獸，不知法教，因與噶畢屢次構禍，蒙駐藏大人轉奏，特遣官員，噶布倫等為我等和解，又蒙西藏貝勒親至則汪〔註22〕宣諭大主天威仁化，分晰利害，每處安一第巴照看辦事，諄諄致書教

〔註20〕《衛藏通志》刻印之時，於此地名亦注意之，《校字記》云，布魯克巴注，前赴適中之汪則城解勸和合，案下文兩奏書俱云貝勒親至則汪宣諭，汪則，則汪不知是一是二，《西藏記》上文亦作汪則城，兩奏書卻作則江，疑汪之誤。

〔註21〕西土，《西藏志》作西立，西土誤，且其意不通，清廷在東而不在西也。

〔註22〕則汪疑為則江之誤，即今西藏江孜縣。

諭，我等俱各感激，欣然和好。自今以後，惟有感戴皇恩，永遠安樂。敬求者布嚕克巴人等多有不知法度者，求大主賞以敕印，以便管轄。且愚人上畏天威，各守法度，不致生事，世世子孫永得安生者，皆大主再造之恩。於大皇帝別無所思，伏乞憐憫，時降教訓，鑒之鑒之。爲此特差格隆巴爾沖恭請聖安，伏乞天恩，並獻土產，各色卡契帶五條，卡契緞一疋，珊瑚一串一百零八箇，蜜蠟一串三十六箇，五色花布四疋，布嚕克巴布二十疋，卡契小刀一把，銀碗一個。月之吉日奏。

　　天下含生共戴滿洲西土大皇帝明鑒，微末布嚕克巴噶畢東魯卜喇嘛焚香望闕，合掌叩拜謹奏，爲恭請聖安，仰祈天恩事。東魯卜喇嘛上合天心恭順歸命，仰賴大主恩威，安生樂業，恭請聖旨之時，蒙賜以有生未見異數大恩，噶畢東魯卜不勝欣感，曾經恭謝天恩，實不但今生，雖萬萬世不能仰報，惟有三寶佛前虔誠諷經祝滿洲西土大主萬萬年耳。但布嚕克巴人等生性愚昧如畜，屢年生隙仇殺，駐藏大人奏明，大主普愛生靈，差官、噶布倫〔註23〕等爲我等和解，貝勒又親至則汪宣諭天威仁化，分晰利害，教訓和好，各處差第巴一名照看辦事，復致書教訓，如幼兒得母，欣感無既，今復和好，惟感大主庇祐天恩，永爲安樂而已。拜求者滿洲西土大皇帝憐憫愚生，賜以敕印，得賴恩威，便於管轄，所賜五城人民，彼此知敬畏，各守法度，以安其生，此滿洲西土大主憐憫再造之恩也。鑒之鑒之。爲此特差使者商納克諾爾布恭請聖安，仰祈天恩，並獻土物奏書，哈達一箇，珊瑚八箇，小珊瑚七十箇，金絲織成花緞一疋，花布三疋，象牙一根，卡契帶五條，白卡契布三十疋，蜜蠟一串一百一十五個。月之吉日奏。

　　查布嚕克巴即紅教喇嘛地，其掌教扎爾薩立布嚕克谷濟呼畢勒罕與額爾德尼第巴諾彥林親齊類拉卜濟，俱住布嚕克巴蚌湯德慶城〔註24〕內，管轄百姓約四萬餘戶，大小城五十處，寺廟一百二十座，共喇嘛二萬五千餘眾，其城界趾東至綽囉烏嚕克圖部落〔註25〕，計程八日，其綽囉烏嚕克圖即猓玀野人國。正南至瓦納特克地方爲界，計程十日，正西至于巴嶺木鐘爲界，計程

〔註23〕原文漏一倫字，今補之。

〔註24〕蚌湯德慶城，即今日布魯克巴首府延布之扎西曲宗。

〔註25〕綽囉烏嚕克圖部落即諸書載之珞瑜，若《西藏志》，珞瑜乃野人，名老卡止，嘴割數缺，徐以五色，性喜鹽，其地產茜草，水竹，紫草茸，不耕不織，穴室巢居，獵牲爲食，藏內有犯死罪者，人解送過江，群老卡止分而啖之。即今印度佔據之阿薩姆一帶。

十日，正北至西藏所屬之帕克哩城〔註26〕爲界。（《衛藏通志》卷十五，頁十一）。

《衛藏圖識》載布魯克巴

布魯克巴部落在藏地之西南，本西梵國屬，雍正十年始歸誠，其地天道和暖，物產亦與中國相似，南行月餘接天竺國界，番民披髮裹白布如巾幘然，著長領褐衣，肩披白單，手持念珠，婦女盤髮後垂，加以素冠，著紅衣繫花褐長裙，肩披青單，頂垂珠石纓絡圍繞至背，俗皆皈依紅教，崇佛誦經。（《衛藏圖識》下卷圖考，頁二一七）。

《西藏圖考》載布魯克巴

布魯克巴一名布屯，西界哲孟雄，南界亞山，東界貉貐野人，北界前後藏。長一千餘里，廣五六百里，有唐時賜印，其文曰唐師國寶之印，其地天道和暖，產五穀。俗重紅教刺麻，其會城曰塔西蘇登，《西藏志》作扎什曲宗，爲藏商往來之孔道。西南距獨吉嶺〔註27〕二日程，爾北踰嶺三日程至帕克哩。其北境尚有數路可通前藏及工布〔註28〕等部，雍正十年番罕諾彥林親與所分番族噶畢構隙相仇，噶畢力弱投奔頗羅鼐，發兵助之。諾彥林親亦遣使於駐藏大臣處歸誠，奏奉諭旨，委員前赴適中之江則城解勸合，取永和契印。雍正十三年，噶畢東魯卜刺麻卒，於是地土人民仍歸諾彥林親管轄，其不願還附諾彥林親之番民一百餘戶，奏明給與牛種，安插商納〔註29〕之江則地方。後諾彥林親齊類拉卜齊赴藏朝佛，附譯奏書，獻方物云。（《西藏圖考》卷八，頁三八）。

《西藏圖說附說》載布魯克巴

布魯克巴西人呼曰布坦，藏人呼曰竹巴，即不丹國也，地當前藏正南，

〔註26〕帕克哩城，今名帕里，《欽定理藩部則例·西藏通制》載名帕克哩，靠近布魯克巴，哲孟雄邊界之城，清制爲五品邊缺之大營，營官二人。

〔註27〕獨吉嶺，今譯名大吉嶺，原爲哲孟雄地，土地肥沃，氣候涼爽，英印殖民者先租借之，後漸次侵佔，今爲印度所佔據。

〔註28〕工布，今西藏江達縣一帶，清廷統一西藏之初，工布爲一大部落，即爲阿爾布巴所主之部落，七輩達賴入藏，工布部落派兵二千護送之。

〔註29〕商納，疑即商約之誤。

闔部皆奉紅教，風俗強悍，上年屢與印度搆兵，人人死戰，其南境瘴氣甚大，英人未能逞志，祇租其白棟〔註30〕，噶茂林〔註31〕兩地種茶，歲付租銀錢伍拾千元，後減二十千，至今猶取租金，屆期即付，戊子〔註32〕歲藏番納東〔註33〕之敗，該部頗有戒心，力求內附，經升大臣〔註34〕奏封部長爲諾門罕，設兩酋總理部務，由禮部新鑄印信已頒發到藏，倘駕馭得宜，實前藏之屏蔽要藩也。（《西藏圖說附說》頁十一）。

〔註30〕 白棟，今亦譯名白棟，原爲布魯克巴地，今爲印度侵佔。

〔註31〕 噶茂林，今多譯名噶倫堡，原爲布魯克巴地，今爲印度侵佔。

〔註32〕 戊子，光緒十四年，藏曆第十五饒迴土鼠年，西曆一八八八年。

〔註33〕 納東，今西藏亞東縣，清時期檔案多亦名亞東，爲通往哲孟雄之要道，清末英印極謀侵佔之未果。

〔註34〕 升大臣，即升泰，卓特氏，蒙古正黃旗人，大學士富俊之孫，光緒十二年至十六年任駐藏幫辦大臣，十六年至十八年任駐藏辦事大臣，乾隆以來英印即多次侵襲藏屬布魯克巴，哲孟雄，拉達克諸部，藏人極仇英人，誓言不與英寇交通，光緒十二年英借《芝罘條約》遣印度外交部秘書馬科蕾（Colman Macaulay）入藏以窺藏情，甘丹頗章不允，英人聲言以兵三千護送入藏，藏人益震，後英人爲求吞併緬甸而棄馬科蕾入藏，但強求入藏通商並言藏人赴大吉嶺交易者衆，甘丹頗章乃築卡於隆吐以禁絕藏人赴大吉嶺者，英印言藏人越界駐守，並言哲孟雄乃其屬部，限期強令甘丹頗章撤之，藏人不允，英印旋即開戰，時駐藏大臣文碩亦奏清廷哲孟雄乃藏屬部，支持甘丹頗章之抗英，爲清廷革職，以升泰代之，時藏人集兵萬餘帕克哩誓言決戰，升泰力勸撤兵，赴邊與英開議，升泰告藏人此番開議，哲孟雄者必照舊，英印既掠哲孟雄全境，因其部長，慮既與清廷定西藏之條約，諸強必援而入藏，故遷延不議，藏人疑英人謀侵藏不已，揚言借俄以抗英。英人後與升泰訂《中英會議藏印條約》，定哲孟雄歸英保護，藏人大譁，誓言不認《中英會議藏印條約》，指斥升泰見好英國，失信藏人，並有求駐藏大臣長庚另議約之舉，升泰乃申斥掌辦商上事務第穆胡圖克圖阿旺洛桑稱勒拉普結，補拿造言之人，並在邊續辦邊事，光緒十八年卒於亞東仁進岡，清廷賜諡恭勤。

阿旺朗吉遷入與統一布魯克巴

　　布魯克巴之簡史，自吐蕃王朝起即爲吐蕃王朝之屬部，地名悉立，松贊干布時期即建強巴拉康於布姆塘，吉曲拉康於巴竹。《敦煌本吐蕃歷史文書》多載此部落之叛服無常，吐蕃贊普多次征服並駐紮此地，且於此地多次集會議盟，其之民人藏化已久。吐蕃支離破碎時期，各派喇嘛紛至其地傳其派宗教，然零碎不可通。自主巴噶舉派喇嘛阿旺朗吉於公元一六一六年流亡布魯克巴起，其之歷史漸明晰也。阿旺朗吉爲藏地主巴噶舉一喇嘛，因主巴派主寺之一之熱隆寺第四世活佛白瑪噶布轉世之爭失敗而流落布魯克巴，逐漸統一此部落。

主巴派之起源與熱隆寺

主巴噶舉之起源

　　清時期之布魯克巴與藏地之主巴派歷史本爲一體，布魯克巴之統一亦爲入布之主巴僧人所爲，故欲明瞭布魯克巴之歷史，藏地主巴噶舉之歷史亦須少知也。主巴噶舉爲噶舉派一分枝，藏傳佛教噶舉派甚爲龐雜，按藏人所分，噶舉派有香巴噶舉與塔波噶舉之分，塔波噶舉又有噶瑪噶舉，拔戎噶舉，蔡巴噶舉與帕竹噶舉四大分支，帕竹噶舉又分爲八小分支，主巴噶舉即爲帕竹噶舉八小分支之一也。

　　香巴噶舉肇源於瓊波南交，瓊波南交十歲習梵藏文字，後去尼泊爾進修梵文，此後赴印度從彌勒巴、尼古瑪等人學法，回藏於拉薩北盆域地區建寺

傳教，是為香巴噶舉。

塔波噶舉肇源於瑪爾巴與米拉熱巴，創始於塔波拉結。瑪爾巴卻吉羅追（一〇一二～一〇九七年）生於前藏南部洛扎地區，年十五從卓彌譯師學梵文，後三赴印度，四赴尼泊爾，從那饒巴，彌勒巴，智藏等人學法，回藏後於家鄉洛扎地區傳教授徒。其之著名弟子之一即米拉熱巴（一〇四〇～一一二三年），出生於濟嚨以北貢塘地方，家資饒裕，米拉熱巴七歲時父病故，伯父逼其母嫁伯父之子而圖霸產，其母雖不允，而其家產終為其伯父霸佔，母子窮困，米拉熱巴離家學咒術而咒殺伯父子媳親友三十五人。又因其母受鄉人歧視而施咒放電毀壞鄉鄰莊稼，後悔殺人毀稼之罪而從瑪爾巴學法傳教。米拉熱巴著名弟子之一即塔波拉結・索南仁欽（一〇七九～一一五三年），出生於塔波地區，從米拉熱巴學法，於一一二一年建崗波寺，是為塔波噶舉祖寺。塔拉波結著名弟子之一者為帕木竹巴多吉傑波（一一一〇～一一七〇年），生於西康地方，幼喪父母，九歲出家學法，十九歲入藏從諸名師學法，後從塔波拉結學法，一一五八年於前藏帕竹地方建丹薩替寺，是為竹巴噶舉之主寺，形成噶舉四大支派之帕竹噶舉。帕木竹巴著名弟子之一者為林熱白瑪多吉（一一二八～一一八八年），生於娘堆，十三喪父，十七出家，年三十八謁帕木竹巴學法。林熱白瑪多吉弟子之一者為藏巴嘉熱耶歇多吉（一一六一～一二一一年），生於娘堆庫勒地方，八歲喪母，十二歲學法，後從林熱白瑪多吉為師學法，後建熱隆寺於江孜，建主寺於拉薩河以西，主巴噶舉即以主寺得名。藏史傳說建主寺時聽聞雷聲，以為龍鳴，故主巴噶舉者，意即龍噶舉也，此派先以主寺為主寺，後以熱隆寺為主寺，此派即為中主巴。

藏巴嘉熱之另一弟子名洛熱巴旺秋尊追（一一八七～一二五〇年），一二四一年年五十九建噶波卻隆寺，形成下主巴。藏巴嘉熱之另一弟子名郭倉巴滾波多吉（一一八九～一二五八年），一一二六年在協噶爾附近郭倉地方建郭倉寺，形成上主巴。上下主巴之分者，即以其之主寺相對熱隆寺之位置也。

十三世紀初，主巴噶舉派的高僧帕卓竺果姆・希格布一行六人進入布丹傳法，是為主巴噶舉入布魯克巴之始，由此形成之主巴噶舉派稱為南主巴，亦以位置故名也，一六一六年阿旺朗吉（一五九一～一六五一年）因爭第四世主巴活佛白瑪噶布轉世之資格失敗而流亡布魯克巴，逐漸統一其境而確立主巴噶舉之主導地位，其地其人亦因之稱為主巴。

熱隆寺

主巴噶舉派有主寺二，一者即前文所述之主寺，另即熱隆寺，即阿旺朗吉所爭該寺活佛轉世之寺也，該寺位於今江孜縣熱隆鄉，時爲藏區著名之大寺也，此寺今毀損甚劇，昔日之輝煌不復存也。熱隆二字者藏文意爲綿羊也，因傳說綿羊產乳於此，故名。覺囊派高僧多羅那他著《後藏志》，有於此寺藏文風格之詳細描述也，茲輯錄之，亦可知藏人於宗教之篤信與崇奉也。

距崗瓦桑波雪山西邊曲旦瑪不遠處，有一處聖地叫作熱隆。詩云：
> 察見心性之上蒼威力，授給遍知一切的位分，
> 禮讚三時法王熱隆巴，因賜利樂授記須讚頌。
> 遍滿證果圍月法苑中，賜予施眼仙人的行相，
> 是用天寶悲心所畫成，豈非佛法大海威德然？
> 此情斷滅無邊輪迴苦，是聖者許諾之金剛言，
> 對諸守持善業寶藏者，及來此信眾賜給喜宴。

詩中讚頌了具足福德的最上淨土吉祥熱隆大古刹。此修行的大刹土甚爲稀有，較之十方叢林更有十三殊勝之處。

首先，此聖地的地脈殊勝。地形宛若八瓣瑞蓮盛開。雪山，石山，牧場和草山環抱，彷彿致敬似的成百條小溪匯流其間；天空好似八輻之輪；周邊呈現八瑞相，即寺前多日山形同右旋白螺，熱拉山峰狀似撐開的寶傘；珀迦後山彷彿是盛滿甘露的寶瓶；贊曲山像豎立的勝利幢；揚袞山〔譯註1〕和其前山宛若金魚遊憩；閣木壩好似轉動的金輪；本塘壩的山巒如荷葉開篷，溪水如百鳥競翔；嘉木沼澤似吉祥結。修道的禪林就坐落在這樣的地方。由此因緣，從而在雪域星羅棋布守持密乘的祥院千萬座。法主（指藏巴嘉熱益喜多吉）說我在昂雪〔譯註2〕建寺，勢力過大；在基雪〔譯註3〕建寺，太喧嘩；在庫列那梯〔譯註4〕建寺雖富有，但覺得對佛教不很有益。興建在此地，道統和教法如同白晝一樣光明燦爛。熱隆寺因得法主如此授記，故極爲殊勝。

寓居該地的神祇殊勝。熱隆大法苑背後從翁塘至達瑪都是綿亙的雪山，

〔譯註1〕揚袞山，意爲於寺所在之山。
〔譯註2〕昂雪，今昂仁地區。
〔譯註3〕基雪，拉薩河下游。
〔譯註4〕庫列那梯，在吉隆縣境。

世稱累金（夜叉）諾布桑波。其緣由是：為了守護賢劫眾佛的教法，普賢菩薩投胎生為夜叉王崗瓦桑波之子，名為累金（夜叉）諾布桑波，諸佛賜給表示威勢的金剛，授權執掌諸密，叫做秘密主金剛手。為了鎮懾雪域西藏的兇惡鬼魅，那位大菩薩一次又一次化身安住此地，因而此聖地加持力既大又吉祥，且有財運。諾布桑波之父崗瓦桑波把哈沃雪山作為集會地，以兩種大行加持，這對於全藏獲財用說來，猶如勝利幢頂端又增加了如意寶，因而殊勝。

熱隆得名的原因

此地有卓庫列寺。據信史記載，藏傳佛教後弘期伊始，衛藏十八或十二人中之沖凱喜饒僧格倡建並住持年堆庫列寺，悅托白在庫列山庫列寺之側興建莫巴寺。當巴袞嘎菩薩〔譯註5〕所信賴的二十四位尼姑之中，曲郊尼姑出生於庫列地方。她拜見帕當巴桑結〔譯註6〕後，獲得口訣，苦行十二年僅飲清茶度日，修道獲正果。覺沃傑阿底峽〔譯註7〕的門生中所謂悅師三昆季，即悅曲旺，丈松和托白等三人，他們在庫列山建莫巴寺，隨即出現庫列之牧民，遂封山禁獵，該寺與那些牧民結為供施關係，莫巴寺在乃寧斷岩的尾部，現今遺址尚存。咱沃囊地區折域埃卡山鄂博以上地方叫做庫列。相傳年堆曾為折氏和瓊氏據有，史料云天空四四方方的藏區，具有折瑪尼的加持力。但是，嗣後大臣們認為那是對頭戴盔帽的鬼魅之化附，其地遂得名庫列。後來牧人在山陽丟失一隻神變的白色母山羊，一天尋覓時找到了。牧人發現在今日寺廟大殿正對面一塊石頭上灑有羊乳，母山羊正以體溫烘熱石頭，牧人前往那

〔譯註5〕當巴袞嘎菩薩，本名為絳森袞嘎（一一六二～一一二四年），帕當巴桑結晚期弟子岡·益喜堅贊的門生。

〔譯註6〕帕當巴桑結（？～一一一七年），南印度高僧。據說他先後五次入藏，主要活動於衛藏南部，因他設教因人而異，傳授的內容也較複雜，故未形成一個統一的教派。他以修行為主要的教授內容，讓門徒們在荒山老林中，或是在墳墓，葬場等一些人跡罕至的地方長期苦修，很少建立寺院。一〇九七年他在定日建了一座寺，但這寺未成為他的教法之中心。相傳帕當巴桑結到過山西省五台山，但未見過相應的漢文記載。

〔譯註7〕阿底峽（九八二～一〇五〇年），出生於東印度薩霍爾王室，原係超岩寺上座。吐蕃王室後裔絳秋臥殷重禮聘，至西藏傳播佛教。他攝顯密兩宗關要，合為修行次第，著有《菩提道炬論》等二十多種著作，對藏傳佛教後弘期起過重大作用，成為噶當派的祖師。其所傳之醫學八部對藏醫流派的形成也起了重要作用。在阿里居住三年，衛藏九年，卒於聶塘，終年七十三歲。因其一生對古代印度與我國藏傳佛教文化的交流有重大的貢獻，藏族一般尊稱之為覺沃傑，意為尊者。

裡，看見該石頭上凸出 ༀམ་མ་ཧཱུཾ 字樣。當時恰逢證果者林氏〔譯註8〕來到那裡，牧人便將聖石奉獻給林大德，又在該地斷崖峭壁挖鑿修行窟，供瑜伽大自在修行。由於神變母羊授記，從此該地稱作熱隆〔譯註9〕。作爲納浦曲隆寺的三殊勝之一，具有天成立體字樣的石頭現在依然保存著。

由於聖者加持而殊勝。從大證果者林氏法王，藏巴嘉熱到現在，此地出生的瑜伽行者多如地上的塵粒，由於這些今生今世即身成佛的金剛持大德們，以密乘加持，使地方殊勝，猶如印度的金剛座。

殿內所依殊勝

身所依的聖像有法主威鎮三界的眞容像，其面龐示現善與不善之兆相，宛若法主健在時一樣，它能使貪著今生者生起止觀之禪定，片刻也不貪著。此外，還有桑結蘊等協鄂〔譯註10〕的內供佛像，下竹巴噶舉派教主洛熱巴佛〔譯註11〕的內供像，它是由怙主咱日熱欽建造和開光的，有上竹巴噶舉派教主郭倉巴〔譯註12〕的內供聖像，它是由鄔堅巴〔譯註13〕建造和開光，龍樹大

〔譯註8〕證果者林氏，指竹巴噶舉創始人林熱白瑪多吉（一一二八～一一八八年），出生於年堆，屬林麥家族。林熱白瑪多吉在三十八歲時拜帕木竹巴爲師。在此之前已經出家，但又娶了妻子。帕木竹巴不喜歡娶妻的門徒，林熱遂把妻子送走，在丹薩替寺附近找了一個婦女修大手印密法，不久林熱又送走了這個婦女。帕竹死後，林熱雲遊衛藏。他曾幫助向蔡巴打過仗，獲得大量財富，他把財富一半留下，另一半幫助向蔡建造大佛像，又把所得全部佛經送到丹薩替寺。晚年在納浦寺收徒傳教，直到去世。

〔譯註9〕熱隆，意爲山羊溝。原注，現在老人們用天成的石臼舂粥中佐料。

〔譯註10〕協鄂，寺主的親屬在寺內任職幫助寺主管理寺廟者的稱謂。

〔譯註11〕洛熱巴，下竹巴噶舉支系創始人，全名是洛熱巴旺秋尊珠（一一八七～一二五〇年）。他出生於雄地區扎欽地方，屬洛囊家族，故稱洛熱巴。十六歲時，跟隨藏巴嘉熱作侍者，兩年後家裏要給他娶妻，他逃到拉薩附近覺木壟寺，但家人找到他。他依照藏巴嘉熱的指示回到家中。當父母爲他籌辦婚事時，他又逃到藏巴嘉熱處學法。藏巴嘉熱圓寂後，他於一二四一年在雅隆河谷倡建噶波曲隆寺，此寺係下竹巴噶舉派的主寺。洛熱巴還到過不丹，在不丹的朋塘地方建立塔巴林寺，這可能是竹巴噶舉在不丹建立最早的寺院。洛熱巴坐化後，由他的姪子咱日瓦主持噶波曲隆寺，其他弟子分頭出去收徒建寺，形成了下竹巴支系。

〔譯註12〕郭倉巴，上竹巴噶舉創始人（一一八九～一二五八年），他的全稱是郭倉巴・袞波多吉。出生在山南洛扎地方，十九歲時到熱隆寺從藏巴嘉熱出家，在那裡學經三年。後來徵得藏巴嘉熱同意，又向止貢巴學密法。他曾到過熱振寺，並曾拜見過達壟塘巴和向蔡巴等師，此後他又回去師事藏巴嘉熱。藏巴嘉熱圓寂後的第二年郭倉巴開始雲遊各地，他還到過喀什米爾和印度闍闌達羅

師的本尊勇健護法神石像，它是由具德桂譯師〔譯註14〕迎請來的，白瑪噶波〔譯註15〕用純銀打造的四臂智慧勇健護法神像，聖像身著鑲嵌松耳石的純金服飾，佛座背光達五卡高。如斯等等不勝枚舉的寶像如芝麻莢果一般充盈經堂的上下部。

語所依的經卷有用藍琉璃粉末書寫的經函，用純金粉在厚紙和藍黑色皮革上書寫的《甘珠爾》《廣般若》等數百函墨寫經籍，尤其是被視為軀體的心臟一樣的《四續部》的口訣，宛若鄔仗那的內庫法一般珍貴，從而殊勝。

意所依的佛塔殊勝。法主說在我身後，如將我的肉身遺物裝藏吉祥多門塔，噶舉派將廣為宏傳。遵循此預言，桑結蘊建造金靈塔瞻洲莊嚴，內中裝藏法主遺體火化時胸部和顱骨所出三依怙寶像和噶舉派先師等的具有加持力的無數遺物。因而此禪林成了根本道場（主寺）。

作為殿外所依，桑結蘊建造了吉祥多門塔。相傳建塔工程大多完畢，餘下的塔頂寶瓶日藏工匠們幾天都安不好。最後一日，工匠們回去打尖時，住在背後山上的桑結蘊以神通察覺，隨即騎一匹哺乳的母野馬下來，示現神變，裝好塔頂寶瓶。騎上野馬返回之際，被吃完飯的工匠們發現，他們跑步都追不上，祇在他走過的磐石上覓得迄今尚存的野馬蹄印。據說佛塔開光時，眾人目睹三界所有勇士，空行雲集空中讚美祝福。該塔雄偉龐大，郭倉巴佛曾說我的這些身著粗毧披風的修行女弟子白天向我請法，夜晚到熱隆寺殿外那

（在今旁遮普邦）等地。七年之後返回熱隆寺。當時熱隆寺的主持人是藏巴嘉熱的姪子溫熱達瑪僧格。郭倉巴徵得溫熱同意後，在後藏協噶爾的郭倉地方建寺，所以被人稱為郭倉巴。郭倉巴在佛學方面知識淵博，他雲遊期間接觸到希解派的教法，因此在他的教法中，融合了各教派的教法，他晚年在後藏建寺授徒，開始形成上竹巴噶舉支系。

〔譯註13〕鄔堅巴，全稱是鄔堅巴仁欽貝（一二三○～一三○九年），他與噶瑪噶舉支派關係密切，噶瑪噶舉黑帽系第二世活佛噶瑪拔希當過他的老師，他本人又當過黑帽系第三世活佛壤迥多吉的老師。他在時輪金剛方面繼承了西藏佛教中關於時輪金剛的三派傳承，是當時在時輪金剛方面的權威。他到過鄔堅（即鄔仗那，在今巴基斯坦斯瓦特河谷），他的傳記裏有關他到鄔堅求法旅行記，成為研究這一帶古地理的重要資料。因為他到過鄔堅，所以被人們稱為鄔堅巴。他還曾應元世祖忽必烈的召請，到過北京，給忽必烈傳授時輪金剛曼陀羅灌頂。忽必烈要他留住北京，他不辭而別，因此沒有得到封誥和賞賜。

〔譯註14〕桂譯師，當指桂譯師旬努貝（一三九二～一四八○年）。西藏佛教噶舉派一著名譯師，於公元一四七六至一四七八年間著成《青史》。

〔譯註15〕白瑪噶波，指竹巴活佛白瑪噶波（一五二六～一五九二年），著有《竹巴教史》。

若巴〔譯註16〕的佛塔轉經，經常去西方鄔仗那領取會供資糧。大成就者（指鄔堅巴仁欽貝）前往鄔仗那時，看見那裡的眾女子的情況正如郭倉巴佛所說。於是對這座寶塔更加稱頌。

再又，揚袞巴〔譯註17〕佛前來熱隆寺巡禮時，夢中夢見大佛塔的塔瓶中依次坐著從金剛持到郭倉巴佛的噶舉派之全體上師，但米拉熱巴〔譯註18〕的座位卻空著，有人招呼他說你在這裡坐吧。揚袞巴因此而盛讚大佛塔。現在轉經巡禮者少了，但眾人一致感覺十分熟悉轉經路，像多次走過一樣。

尊者桑結蘊還興建了門傑旺吉〔譯註19〕的銀靈塔，金靈塔。熱隆寺法位繼承人阿格旺秋建造了高達三層樓有餘的吉祥光耀金靈塔，塔內裝藏翻譯權威瑪爾巴譯師化身的阿旺曲季傑波之完整肉身。阿旺曲季傑波的密法十分靈驗，祗要聽受一次即能息滅世間一切災難。該塔的材料，工藝和開光儀式均屬盡善盡美。諸如此類的佛塔在珀迦大經堂比比皆是。

天成殊勝

法主藏巴嘉熱的遺體火化時，二十一個骨節出現二十一尊觀音像。其中三尊作為殊勝的天成三密之列供養在寺中，其餘十餘尊的散佈情況是，本寺殿內，殿外佛塔各有一尊；法主旬努貝的內供佛塔即護法殿內粉刷了一升金子的靈塔內有一尊；竹寺〔譯註20〕天母像和佛塔內各有一尊；多喀爾和曲宗〔譯註21〕

〔譯註16〕那若巴，公元十一世紀出生於印度，為大成就者底格巴之弟子，西藏瑪爾巴譯師之師，對瑪爾巴譯師傳授勝樂及那若六法等。

〔譯註17〕揚袞巴，全名是揚袞巴堅贊貝（一二一三～一二五八年），後藏拉冬地方人，屬東氏家族。他的家族歷代都有寧瑪派的著名僧人。揚袞巴五歲開始學密法，接觸過寧瑪，噶當，希解，覺宇，薩迦各派的密法。九歲時出任拉冬寺的堪布。他除師事郭倉巴以外，還依止其他教派的高僧，如薩班袞嘎堅贊。他興建了室利日南定寺，四十六歲時，圓寂於該寺。他的門徒很多，據說他講經時參加聽講的人多達萬餘人。

〔譯註18〕米拉熱巴（一○四○～一一二三年）本名推巴嘎，生於後藏貢塘的加阿雜地方。曾學惡咒，斃怨仇多人，後自懺罪孽，改宗佛教，一○七八年投瑪爾巴譯師門下學道，前後經歷六年八月，勤服勞役，極盡苦行，終得瑪爾巴傳授密道全部修法。四十五歲重返阿里，隱跡山林，唯著白棉布衣，採食蕁麻度日，潛心修行九年，終於即身證得最勝悉地。此後下山雲遊，於諸法器傳授密法，著有《道情歌集》行世。

〔譯註19〕門傑旺吉，藏文意為佛王，當指藏巴嘉熱・益喜多吉。

〔譯註20〕竹寺，竹巴噶舉派祖廟。公元一二○五年藏巴嘉熱在拉薩河下游朗木地方倡建此寺，奠基時，適聞巨雷三響，故得此名。

〔譯註21〕多喀爾在拉薩北面達壠地區；曲宗在波密縣境。

的靈骨塔各有一尊；拉堆絳烏日寺和拉堆洛扎科定寺各有一尊，後者現今供養在恰域〔譯註22〕色吉禪院；布扎和尼仁各有一尊；岡底斯山道場噶冬寺有一尊，據說現今到了古格；乃寧寺和曲隆寺分別供養一尊做法會聖物；哲木覺尊有二尊，其中一尊供養在哲木佛塔內，一尊在洛扎寺所轄土著人手上；一尊由康絨巴色爾巴送給上官扎巴益喜作他的聖緣；蒙古汗王妥歡帖睦爾〔譯註23〕尊奉法主（指熱隆寺其時的座主）為福田，頒發封誥，供養一千九百霍爾民戶為上下經堂的基金，丁潘敬獻有十萬朵蓮花和一千朵蓮花圖案的華蓋和花緞，黑沉香，鑲嵌蚌殼的桌子等無量供物，作為回贈，熱隆寺饋送了一尊天成觀音像。

較之以上天成觀音像更為殊勝的是同法主無二致的天成羯沙流波坭像。它是桑結蘊在世時，由破戒僧尼瑪僧格帶去準備獻給拉堆地方的。熱隆寺大佛塔塔頂寶瓶和滴水槽竣工後，他臨返之際，在眾人雲集的熱鬧地方趾高氣揚，佛像丟失，被一對貧窮的老夫妻拾得，老兩口由此而變成富人。他倆準備將聖像獻給郭倉巴佛時，郭倉巴佛說近來法主藏巴嘉熱將光臨我們這裡，我們快去迎接。剛出發，恰同那老兩口相遇，郭倉巴頂禮拜迎，獲得聖像，法主郭倉巴曾三次厚贈熱隆寺，聖像是最末那次饋贈給熱隆寺的。相傳當初竹寺巫覡行劫時，此天成佛像驟然閉眼，止貢之亂〔譯註24〕時，佛像呈碧綠色。爾後寶像散逸於鬧市之中，經七天祈禱後復出。如遇兇險，佛身搖晃，色澤退敗；若遇善事，佛像如無垢的水晶，這是現今眾人見到的情景。現在供奉聖像的神龕是用象牙、珍珠等七種珍寶製作的，由白蓮比丘我捐資建成。其形狀如吉祥無觸塔，殊勝之至，光材料一項就約值三千錢黃金。

法主藏巴嘉熱的遺骸火化時骨節所出十一面觀音像供養在吉祥多門塔，一面四臂觀音像供奉在神變塔。

珀迦大師遺體火化所出羯沙流波坭像珍藏於天降塔。

尊者裒嘎僧格的骨殖所出稀有之帝釋像裝藏在菩提塔。

此外，裒嘎僧格的骨殖所出觀音像即不空絹索聖像供養於和好塔。

班欽釋迦室利〔譯註25〕的骨殖所出金剛瑜伽母聖像供養在尊勝塔。

〔譯註22〕恰域，在塔波以南。

〔譯註23〕妥歡帖睦爾，即元順帝，一三三五～一三六八年在位。

〔譯註24〕元朝初年止貢寺得到旭烈兀的特別支持，不服薩迦在西藏的領袖地位，常與薩迦派發生糾紛，一二九〇年薩迦本欽阿迦侖調集幾個萬戶的兵力，並奏請元世祖派兵進藏，焚毀止貢寺，打敗止貢噶舉的武力。史稱這次事件為止貢之亂。

〔譯註25〕班欽，意為大學者，釋迦室利即釋迦室利跋陀（一一二七～一二二五年）古

喇嘛優摩切巴〔譯註 26〕的頭蓋骨所出八面十六臂喜金剛佛像收藏在涅槃塔。

同佛骨舍利塔無二致的智慧塔所供養的舍利是由江孜舍利塔增生出來的。

尊者瑪爾巴〔譯註27〕遺體的牙齒，側面裝點以舍利，來自於卓窩隆，珍藏於天降塔。和好塔也供養有側面裝飾舍利的尊者瑪爾巴的佛牙。再又，尊者瑪爾巴的遺體火化所出舍利爲乃烏谿卡〔譯註28〕頭領收藏，有大蠶豆大小。後來乃烏沒落，被廟祝帶至堆龍崗，獻給駕到那裡的竹巴活佛觀賞，在活佛手中的那粒舍利增生出七十顆舍利，卻無損耗，全部供養在熱隆寺。自是那粒本原舍利和其增生的舍利發展出無數舍利，現在遍布各地的瑪爾巴之舍利咸由此處增益出來。本原舍利供養在神變塔中。

法主（藏巴嘉熱）的八粒舍利裝藏於吉祥多門塔。竹巴活佛阿旺曲季傑波在建造此殊勝佛塔時，給手中的羯沙流波坭佛像獻浴，從聖像滾落出九粒舍利，其中一粒散失在外，剩餘的舍利供養於該塔內。此外，法主的牙齒舍利供養在神變塔與和好塔。和好塔還珍藏法主的其他舍利。法主顱骨所出三合一舍利珍藏於尊勝塔。

桑結蘊的牙齒舍利保存在聚蓮塔。

尊者尼瑪的佛牙舍利藏於尊勝塔。

絳央袞嘎僧格的牙齒火化所出右旋白螺舍利供養在尊勝塔。

傑畏旺波的右胛骨所出羯沙流波坭寶像收藏在菩提塔。傑畏旺波三粒牙

印度一佛學家，印度那爛陀寺末任座主。一二○四年受西藏佛教噶舉派綽普譯師延請入藏，先後駐洛扎，熱振和涅麥等地宏法傳教，達十年之久，並爲薩班授法傳戒。

〔譯註 26〕切巴，係敬稱，意爲大師。優摩切巴，疑指優摩彌覺多吉。優摩彌覺多吉，公元十一世紀人，覺囊派第一代祖師，原係居家瑜伽行者，後出家改名臺巴傑波，曾師事多人，學時輪金剛，密集等法，創他空見。其五傳弟子土傑尊珠創建覺摩囊寺，及至土傑尊珠的再傳弟子堆布瓦喜饒堅贊，宏興該派時，稱覺囊派，尊奉優摩彌覺多吉爲始祖。

〔譯註27〕瑪爾巴，即瑪爾巴曲季洛追（一○一二～一○九七年），生於洛扎普曲琪，自幼習法，先從卓彌譯師學梵文，繼又多次去尼泊爾，印度等地，從那若巴，彌勒巴，智藏等學喜金剛，密集，大印等密法。返藏後曾多方說教，最終定居於洛扎卓窩隆，一生未從家而從學，弟子甚多，形成與香巴噶舉並存的一派勢力，至其再傳弟子塔波拉傑時更爲強盛，世稱塔波噶舉，遂被奉爲始祖。

〔譯註28〕乃烏谿卡，在堆龍德慶縣境。

齒和三粒舍利分別供養在聚蓮塔，和好塔與菩提塔。

阿旺曲季傑波的牙齒所出三個並連的右旋白螺舍利收藏在尊勝塔。

絳央曲季扎巴的牙齒火化所出一隻右旋白螺舍利供奉在和好塔，其餘牙齒佛骨供奉在尊勝塔。

以上靈塔大多為尊者竹巴活佛阿旺曲季傑波建造，其中有六座靈塔是尚健在的傑塞蘊建造的。這些靈塔的寶瓶部份是用純金打造的，鑲嵌一排松耳石和珍珠，層級和斗拱用白銀，獅子寶座為鍍金的銅製品，寶蓋層級間鑲嵌琥珀來填充，外邊繞以純金方格架子。每座靈塔大小是尊者竹巴活佛的一搾或一肘。

此外，顯現兩個ཨ字的靈石珍藏在卓畏袞波靈堂內，顯現ཧྰྃ字的靈石收藏在色烏殿。留有桑結蘊手印的一塊黑靈石也存放在色烏殿。奈覺曲炯的顱骨火化清晰顯現ཨཿཧྰྃ字樣，供養在有漢式屋頂和尖頂的絳色殿，該殿依照印度金剛座大覺寺布局，用菩提樹木料製作。卓畏袞波健在時的本尊神像四面十二臂勝樂金剛及佛母（此指陰體）供養在色烏殿。班欽釋迦室利的本尊神像金剛瑜伽母存放在色烏殿。此外，那裡還珍藏有那若巴的黑芭蕉手杖等聖物。

流傳的教法殊勝。藏巴嘉熱從伏藏取出的甚深法類有，極為稀有的怛特羅《和合往生肯綮結合法》，相傳它是那若巴大師的稀世之法，為尊者瑪爾巴了知並宏傳的不包括《和合往生修屍法》之殊勝法門一百零八種；屬於不易解說的一百種法門中無上續部道次一百種；被稱作三類耳傳法寶的吉祥勝樂秘訣之特殊修法；叫做喜金剛圓滿次第大種一味修法；父續密集五次第秘訣導釋，對大幻瑜伽和四座瑜伽瑪爾巴派的一百串講；吉祥時輪秘訣三金剛和四金剛念修之六支加行的詳略論述；密集；來自《桑布扎》甚深道修習上師顯密合一緣起法門；七類成就和六種心要等秘訣精義身大印瑜伽；由法主文稿流傳下來的上竹巴噶舉八大導釋，下竹巴噶舉五能仁和中竹巴噶舉七妙行正法，還有諸如勝樂，喜金剛等怛特羅的注疏，灌頂等，以及如儀修持即能顯明密教和獲得悉地的怛特羅等圓滿修道之全部教誡，能讓頓悟者，越級修行者和漸悟者各得其所直至進入金剛持之光明地。因此，法主曾云，難道不能說竹寺和熱隆寺是彙集了所有甚深法要的叢林嗎。熱隆寺以具有三士之妙道，塔波噶舉四法而著稱。

由此傳出的法嗣法承極為殊勝。以上教法從金剛持至根本師未嘗中斷，

不觀待他人，全是徒繼師業世代相傳。佛王法主證得佛的純正密意之甚深顯明俱生智，在心中接受了證道的灌頂儀軌，使主宰世間絕無僅有的三身奧義的法嗣連綿不斷，如江河一般永不枯竭。此傳承始自中印度婆羅門薩樂和，而由魯希巴，直布巴和那波覺巴等師承襲；在西方鄔仗那有金剛手大勢至的化身卓瓦烏金仙人，公主若巴摩傳至拉哇巴大師；在南印度由龍樹，夏日哇旺秋等師傳承；在東印度由底里巴大師傳承；在北印度由那若巴傳承。總之，印度八十四位證果者大多屬此法統。在西藏，瑪爾巴曾對尊者米拉熱巴降賜授記說，徒孫勝過徒子，再傳弟子遍天下。所謂徒子者，指尊者達臥旬努和熱瓊巴〔譯註29〕，門生者指尊者貢波瓦〔譯註30〕，具德帕木竹巴〔譯註31〕，烏

〔譯註29〕熱瓊巴，本名多吉扎巴（一〇八三～一一六二年），生於後藏貢塘地方。幼年喪父，母親轉房嫁給叔父，他成了叔父的僕人。十一歲起即從米拉熱巴學法。十五歲時得了癩病，離開米拉熱巴，獨自一人住在深山裏。後來有三個印度人路過那裡，將他帶到印度。在印度治好病後，在返回西藏路經尼泊爾時，學了密集，勝樂等密法，回西藏後繼續向米拉熱巴學法。爾後米拉熱巴派他赴印度學習瑪爾巴沒有學完的無身空行母法等密法。他在印度向那若巴和彌勒巴的弟子底布巴學習後，返回西藏把這些教法傳授給米拉熱巴。後來，熱瓊巴到前藏傳教，到過雅隆，塔波的涅麥等地，還在香布雪山靜修過很長時間，他在山南洛若地方停留時間最久。熱瓊巴所傳教法在洛若一帶長期傳承不斷，但是沒有形成一個支派。

〔譯註30〕貢波瓦，指塔波拉吉索南仁欽（一〇七九～一一五三年）。出生於藏南塔波地區涅地方尼氏家族。幼年學醫，稍長以醫理醫道馳名，故稱塔波拉吉。又因後期常住在他自己興建的崗波寺，又稱崗波瓦。二十六歲時出家受戒，從甲域瓦學習噶當派的經典。三十二歲時赴後藏，拜米拉熱巴學習金剛亥母灌頂和拙火定等密法十三個月，奉師命同前藏專修。一一二一年在塔拉崗波地方建崗波寺，並收徒傳法。塔波拉吉融合了噶當派的教法和米拉熱巴所傳密法，形成自己的以大印為主的體系。他傳法視徒眾機宜分別傳授方便道或大印，開一代噶舉派新風，故稱塔波噶舉。塔波拉吉住崗波寺三十年，一面講經傳教，一面著書立說，影響很大。當時西藏佛教界普遍重視講經，和他積極宣導是有關係的。塔波拉吉圓寂後崗波寺的法位由他的姪兒繼承，以後多半由尼氏家族的後裔繼承，偶而由寺主的門徒繼承，但崗波寺這一支沒有發展得很興盛。

〔譯註31〕帕木竹巴，本名多吉傑波（一一一〇～一一七〇年），出生在康區金沙江流域支隆乃學地方，屬韋哇那彭托家族。九歲時在甲奇拉康寺出家，十九歲前在家鄉從多師學經，其後入藏在堆壟嘉瑪寺學法，一一三四年從甲持律受比丘戒。這期間，帕木竹巴在顯密方面廣泛學習噶當，薩迦，寧瑪各派教法。一一五二年拜見塔波拉吉，學習塔波噶舉密法。一年以後，塔波拉吉去世，帕木竹巴回康區，住在蔡崗地方收徒傳教。一一五八年帕木竹巴在今桑日縣境內帕木竹地方修建一座小寺，即後世著名的鄧薩替寺，此後十三年間，帕林竹巴一直住在這座寺裏，於是帕木竹遂成了地名，人名，教派支系名和以

譯師和洛松等人；再傳弟子林大德，止貢〔譯註32〕，達隴〔譯註33〕，蔡巴〔譯註34〕，雅桑巴〔譯註35〕和綽浦〔譯註36〕發展出各支派；再再傳弟子指法王藏巴嘉熱巴。從他分支出來的上竹巴噶舉支系多如夜空繁星，下竹巴噶舉如地上塵粒；中竹巴噶舉有領經師二千一百。桑結蘊繼承法座後一分爲四，據稱他們所宏傳的教法遍布靈鷲飛翔十八日的廣大地區。

守持教法者殊勝。藏巴嘉熱的血統高貴。法王松贊干布時從漢地迎請釋迦報身佛像的兩位大力士名爲拉嘎和魯嘎。拉嘎之姪子孫相傳，在赤松德贊

〔譯註32〕 後出現的帕竹家族名，地方政權名。

止貢，指止貢巴仁欽貝（一一四三～一二一七年），出生於四川鄧柯縣，屬居熱氏家族。他家世代信奉寧瑪派。年青時，鄧柯一帶遭受自然災害，他前往康區南部靠給人念經維持生活。二十五歲時前往鄧薩替寺師事帕木竹巴。兩年多以後帕竹圓寂，止貢巴的名望逐漸升高，各地常有人請他主持法會，一一七七至一一七九年間一度主持鄧薩替寺，後來因與寺僧不和而離任，一一七九年到墨竹工卡的止貢地方，在帕竹的弟子米轟貢仁所建小寺的基礎上增建許多建築，成爲著名的止貢寺。止貢巴的名字就是由他建止貢替寺而得來，他所傳的教派被稱爲止貢噶舉。

〔譯註33〕 達隴，指達隴塘巴扎西貝（一一四二～一二一〇年），出生在揚學朋熱登，屬熱斯鄭波家族魯格支系。十八歲出家，初學噶當派的教法，後來前往山南地區從帕木竹巴學法，帕竹去世後，又去墨竹工卡師事噶當派怯喀巴。一一八〇年在藏北建達隴寺，達隴噶舉支派的名稱即由此而來，他本人也被稱爲達隴塘巴。

〔譯註34〕 蔡巴，指向蔡巴（一一二三～一一九四年），本名達瑪扎，二十六歲後出家改名尊珠扎。他是拉薩附近的人，十三歲時拜見塔波拉吉，這時塔波拉吉已七十四歲，他主要向塔波拉傑的姪子貢巴楚誠寧波學經。後來又向臥卡巴和帕竹學法。一一七〇年帕竹圓寂後，向蔡巴在鄧薩替寺住了幾年。一一七五年他得到拉薩蔡谿（今蔡公堂附近）的一個有勢力的嘎爾家族嘎爾·傑瓦炯乃的支持，在蔡谿建立蔡巴寺，蔡巴噶舉即由此寺而得名。

〔譯註35〕 雅桑巴，指格丹益喜僧格（？～一二〇七年），門隅人，幼年替人牧羊，後來師事帕竹學法。他的弟子曲悶朗（一一六九～一二三三年）建雅桑寺，由此寺傳出雅桑噶舉。

〔譯註36〕 綽普，指綽普噶舉創始人傑曹（一一一八～一一九五年）和袞丹（一一四八～一二一七年）。傑曹意爲王甥，因他母親是個小土王的女兒而得名。他出生在夏卜地區傑地方，屬努氏家族。他一生中先後師事八十二位大師學法，其中主要的師長是帕木竹巴。一一七一年他遵照帕竹的指示回家鄉收徒傳教，並在這一年正式出家受比丘戒。他從祥尊溫瓊買得綽普地方一塊地基，在那裡蓋了經堂和一些僧像，聚集約二十名僧人作爲門徒，後來在此基礎上發展成綽普寺。袞丹是傑曹之弟，又稱袞丹熱巴。他曾從後藏給在帕竹處學佛的胞兄送糧，適逢帕木竹巴講米拉熱巴的故事，遂留在帕竹身邊做弟子，且學有成就。

王時，叫做嘉桑喜，別名賽囊〔譯註37〕者艱苦譯經，博得國王賞識，賜姓爲巴。巴賽囊出家後曾住持過桑耶寺堪布法位，被贊普尊爲上師。在赤熱巴堅王時期，桑喜之姪嘉絳貝桑瓦師事蓮花生大師，在所有密宗行者中出類拔萃。他在年堆地區貝積地方創建積乃寺，該寺現今世稱乃寧寺。其後，時局變遷，嘉絳貝桑瓦遷至達蔡地方。藏傳佛教後弘期，該家族出了嘉尊珠僧格，是智者阿底峽的迎請者。尊珠僧格之姪搬至庫列地方，其族裔中出了這裡敘述的這位法主（指藏巴嘉熱）。谷如曲旺發掘的伏藏，蓮花生大師和喀日的答文說在薩熱地方的三岔口，地祇諾布增巴的化身利用發聲的一塊巨石宣說佛法。那就是觀世音菩薩。在具德林大師和白瑪林巴所發掘的伏藏云阿闍黎那若班欽跳著幻術舞，藏巴嘉熱蒞臨竹寺和熱隆寺。喇嘛祥玉扎巴考慮爾後利濟佛教，從法主登熱巴受比丘戒時說剃度那若班欽者非我莫屬。於是騎白騾馬而前往。該伏藏又授記說：

> 大聖林氏上拓地，有一額中翎眼者，
>
> 彼即林欽熱巴師，翎眼閃耀一光點，就是那若班欽他。
>
> 這些預言都指明法主藏巴嘉熱是那若巴的化身。法主本人也承認是這樣的。
>
> 嘉氏家庭叔姪法位約八十四輩。在佛法式微之際，宛若從前傑旺吉出世一樣，出現了法主的九位化身。法主遺教云：
>
> 本宗承祧八十四法嗣，繼承師教佛法大光昌。
>
> 嘉絳貝桑瓦說：
>
> 聖地印度北面的西藏，我大悲觀世音傳承者，
>
> 都是殊勝天神變化身，連綿相續直至八十輩。

這裡直接指出叔姪相傳八十人，間接指出四人，他們全是觀世音的化身。

不僅其教法宏傳者咸是聖者賢人，而且聽受他們教法的門生們也不單正法深妙，具足緣分，雖形色有異，但特徵同一，就像同宗同門的金剛弟子一樣，他們使嘉氏諸師的門生圓滿。據說他們之中將出現獲得金剛阿闍黎的開許，執掌鉅細佛語之庫者爲公開的或者秘密的證果者一人和無比地宏傳佛教

〔譯註37〕巴賽囊，赤松德贊王一大臣，初從印度邀堪布菩提薩埵入藏，更名益喜旺波，後在桑耶寺從菩提薩埵及蓮花生出家，是初試七人之一。其詳細事蹟見《巴協》。

者一人。

傳承方法妙善，殊勝。如是講，聽的聖者們，首先從上師妙善地聽受，時刻觀想所聽正法之綱要和要點，由此威德，奮力於佛教之精萃噶舉派所確定的法行。贊曰：

> 由於觀音化身之加持，眾多聖者出生該地區，
> 天神世人供養堪合意，著名古剎大寺熱隆替。
> 見聞觸憶此寺的人們，宿業拋至惡趣的眾生，
> 猶如淨漿與寺相連結，但願引導善趣至解脫。

藏巴嘉熱出生在卓地區庫列替丁〔譯註38〕地方。（《後藏志》頁十一）。

熱隆寺之歷任堪布與主巴噶舉活佛之世系

主巴噶舉重苦修，嚴守戒律，故其於藏地傳播極廣，藏文曰其之法區約有靈鷲飛十八日路程之區，藏文亦有諺曰藏人半為主巴，主巴半為乞丐，乞丐半為大德者，意即主巴噶舉之德行高潔也。藏巴嘉熱耶歇多吉圓寂後，並無轉世活佛，熱隆寺之主持由其家族子姪輩相繼主持之，迨二百年後始有其轉世活佛之說，其之轉世即為主巴活佛之世系，因主巴噶舉影響廣大，此一活佛世系亦為藏地重要之活佛世系，傳至今日。茲錄漢藏文史籍所載之主巴活佛世系。

〔譯註38〕原注，在薩熱嘉村之南，從熱隆至寧若的中途，有地名為卓赫甘洛，其得名原因是卓·巴積臨產，生下像反芻動物蜂窩胃的怪胎，母懼駭，棄之，來到那替地方，叔父瑪澤問道，你分娩的生靈哪裏去了？答曰生下像反芻動物蜂窩胃的怪胎，懼而棄之。叔父聽錯，說講經時所坐像骰子的巨石斜臥在叫做薩熱大師的經懺僧的住宅之北。（譯者按卓赫甘洛，意為卓氏神靈仰臥。藏語中反芻動物蜂窩胃與巨石語音相似，丟棄與斜互語音相似。由於諧音，故得此名。）再又，闍希至熱隆之間隆瑪以東，有地名宇妥，其得名原因是宇妥其人治癒嘉扎岡昌之疾病，嘉扎岡昌贈送一具頭戴飾品的女屍以表謝意（譯者按宇妥，意為璁玉頂髻）。再者，在降瑪下方叫做谿堆的地方，是苯波教證果者袞桑的化身現證空性者拉吉巴貢的故鄉，他是修習阿噶瑜伽得道者袞桑阿郭的後嗣，在靠近雪山水源的朗若岡巴岩窟現證虹身。苯波教信徒從康區前來朝見，日辛巴、門日瓦和佳達丁巴等地的人也來朝聖。

《青史》所載熱隆寺之歷任堪布

序號	名　字	生　卒　年	壽	備　註
一	藏巴嘉熱耶歇多吉	一一六一～一二一一年	五一歲	
二	溫熱·達瑪生格（日季溫卻波之子）	丁酉一丁酉（一一七七～一二三七年）	六一歲	姪子
三	迅魯生格	庚申一丙寅（一二〇〇～一二六六年）	六八歲	姪子
四	尼瑪生格	辛亥一丁亥（一二五一～一二八七年）	三七歲	姪子
五	播甲哇生格仁欽	戊午一癸丑（一二五八～一三一三年）	五六歲	
六	居松巴生格嘉補	己丑一乙丑（一二八九～一三二五年）	三七歲	
七	絳央袞嘎生格	甲寅一丁亥（一三一四～一三四七年）	三四歲	
八	洛卓生格	乙酉一庚午（一三四五～一三九〇年）	四六歲	
九	協饒生格	辛亥一壬申（一三七一～一三九二年）	二二歲	
一〇	協耶仁清	甲辰一癸巳（一三六四～一四一三年）	五〇歲	
一一	朗喀伯桑波	戊寅一二八歲（一三九八～一四二五年）	二八歲	據年歲看，朗喀伯桑波圓寂，主巴噶舉始確立第二輩主巴活佛，此時，頭輩活佛已圓寂二百餘年也
一二	法王袞嘎伯覺哇	戊申一丙申（一三六八～一四一六年）	四九歲	此人排在朗喀伯桑波之後，但從年歲看其之主持熱隆寺應在朗喀伯桑波之先

上表據《青史》頁四三六製。

主巴噶舉活佛之世系

《番僧源流考》載之布嚕克巴源流

頭輩布嚕克巴呼圖克圖，名嘉哷伊喜多爾濟，在後藏所屬結中地方出世。

年至五十一歲圓寂。

二輩布嚕克巴呼圖克圖，名滾嘎巴勒覺爾，在後藏所屬喇隆地方出世。年四十九歲圓寂。

三輩布嚕克巴呼圖克圖，名曲吉扎克巴，在嘉裕地方出世，年至四十六歲圓寂。

四輩布嚕克巴呼圖克圖，名滾沁巴特木嘎爾布，在滾布覺爾地方出世，年至五十四歲圓寂。

五輩布嚕克巴呼圖克圖，名巴克桑旺布，在瓊結出世。年至四十六歲圓寂。

六輩布嚕克巴呼圖克圖，名密帕木阿格伊旺楚克，在洛扎克空地方出世，年至七十三歲圓寂。

七輩布嚕克巴呼圖克圖，名結嘎爾舉稱勒，在滾布臥嚨地方出世，年至四十九歲圓寂。

八輩布嚕克巴呼圖克圖，名密帕木丹參納木結勒，在滾布拉哩堅多之前魯定地方出世，年至五十五歲圓寂。

九輩布嚕克巴呼圖克圖，名阿旺密帕木吉克梅納木結勒，在江孜之努瑪衛地方出世，現年二十歲。現居桑阿克吹靈寺，布嚕克巴教。（《番僧源流考　西藏宗教源流》頁一四）。

《西藏宗教源流》所載之布魯克巴

紅教布魯克巴呼畢勒罕第一輩甲熱宜喜奪吉，年五十一歲圓寂。

第二輩貢噶邊覺，年四十九歲圓寂。

第三輩甲木養曲吉扎巴，年四十八歲圓寂。

第四輩白瑪噶布，年六十五歲圓寂。

第五輩巴桑旺布，年四十九歲圓寂。

第六輩密潘旺布，年七十四歲圓寂。

第七輩噶足稱勒，年五十歲圓寂。

第八輩丹增朗結，年五十五歲圓寂。

第九輩阿旺密潘濟美朗結，年五十七歲圓寂。

第十輩吐丹朗結格勒改桑，現年二十五歲。（《番僧源流考　西藏宗教源流》頁八九）。

《西藏喇嘛事例》載之中主巴熱隆寺活佛世系表

初輩甲熱夷喜奪吉，在揚堆庫勒出世，至五十一歲圓寂。

二輩滾噶邊覺，在後藏熱隆出世，至四十九歲圓寂。

三輩甲木養卻吉扎巴，在甲魚出世，至四十八歲圓寂。

四輩白瑪噶布，在工棍汪熱出世，至六十五歲圓寂。

五輩巴桑旺布，在瓊結出世，至四十九歲圓寂。

六輩密潘汪布，在洛扎夥挺出世，至七十四歲圓寂。

七輩噶足稱勒，在工布窩絨出世，至五十歲圓寂。

八輩密潘丹增朗結，在棟買魯鼎出世，至五十五歲圓寂。

九輩阿旺密潘濟美朗結，在江孜陸麻出世，於道光十八年入瓶掣定，至五十七歲圓寂。

十輩吐丹朗結格勒改桑，在堆曨蔡德出世，於光緒十三年入瓶掣定，現年十八歲。

（《西藏喇嘛事例》，轉錄自《西藏佛教發展史略》頁一五五。）

白瑪噶布轉世之紛爭與阿旺朗吉出走布魯克巴

中主巴著名活佛之白瑪噶布

藏巴嘉熱耶歇多吉（一一六一～一二一一年）圓寂三百年後主巴活佛之第四世為白瑪噶布（一五二七～一五九二年），其為著名之活佛，富於著作，著有《教法史——催開教蓮之陽光》等。當白瑪噶布之時，西藏之政情為第悉藏巴（辛廈巴家族）統一前後藏而與仁蚌巴，格魯派鬥爭激烈之時，白瑪噶布多參與調解其之紛爭，由此可見其於政教二途地位之重也。辛廈巴家族之世系如下，其家世信奉噶瑪噶舉與主巴。

一	二	三	四
辛廈巴才丹多吉	白瑪噶波		
	噶瑪丹松旺波	彭錯南傑（一五八六～約一六二一）	噶瑪丹迴旺波（一六〇六～一六四二）
	拉旺多吉		
	圖多布		

公元一五四八年即藏曆第九饒迴土猴年，辛廈巴才旦多吉被仁蚌巴任命

為谿卡桑珠孜（日喀則）宗本，逐漸富貴並掌握大權，到仁蚌巴阿旺濟扎時期，起而反對仁蚌巴，殺死阿旺濟扎子白瑪噶波，此年被稱為仁蚌巴血仇年。仁蚌巴阿旺濟扎為子復仇無果，公元一五五七年即第九饒迴火蛇年，仁蚌巴和辛廈巴雙方因為襄頓熱巴的土地和屬民發生劇烈衝突，主巴噶舉派的貢欽白瑪噶布前去調解，保全了頓熱巴的生命，但其屬民土地等還是被迫交給辛廈巴。從這時起辛廈巴才旦多吉被人們尊稱為古東辛（古東為身邊，駕前之意），從這時辛廈巴已經擁有可以和仁蚌巴抗衡的軍事實力。公元一五六五年即藏曆第九饒迴木牛年時，辛廈巴才旦多吉親自率兵圍攻白朗倫珠孜，又派兵攻取了帕日宗。在倫珠孜即將陷落，年楚河上游歸屬難定，仁蚌宗本身也有危險的時刻，仁蚌巴再次請求主巴噶舉的白瑪噶布在仁蚌和第悉藏巴之間調停，經過調解和談判，最後將白朗宗全部交給辛廈巴以實現和平，因此這次仍是辛廈巴取得了勝利。

當時，拉堆絳領主南喀仁欽的兩個兒子南喀堅贊，扎西道傑兄弟之間發生矛盾糾紛，辛廈巴才旦多吉的兒子袞邦拉旺多傑乘機支持南喀堅贊一方，使繼承領主地位的扎西道傑無法在自己的貴族莊園居住下去，而且被判決流放到前藏地區去。據說由於辛廈巴對拉堆絳領主扎西道傑的凌辱，使扎西道傑悲憤不已，於是扎西道傑對辛廈巴修成猛詛咒法，使辛廈巴才旦多吉得腦溢血而死。總之，經過這一事件，使得拉堆絳，拉堆洛地區也被迫歸屬於第悉藏巴的統治。辛廈巴才旦多吉的兒子袞邦拉旺多傑住在桑珠孜（日喀則），丹松旺波住在白朗的諾爾布穹孜，他們統治了後藏的大部份地區。

白瑪噶布轉世之紛爭與阿旺朗吉出走布魯克巴

如上文所言白瑪噶布乃屢次調解第悉藏巴與其他勢力衝突之重要活佛也，按諸《現代不丹》《秘境不丹》《我在幸福之地不丹》諸書載，及至白瑪噶布圓寂，其之轉世即陷紛爭之中，此亦藏地活佛轉世常有之現象也，爭奪其轉世之資格者，一為前文所載之主巴活佛第五世巴桑旺布，一即後日出走布魯克巴之阿旺朗吉（一五九四～一六五一年）。按《現代不丹》一書載巴桑旺布乃為達賴五世阿旺格桑嘉措之私生表兄弟，然證諸《番僧源流考》《西藏喇嘛事例》知巴桑旺布乃五世達賴之堂兄弟而非表兄弟也，因巴桑旺布生於瓊結而非五世達賴母親家族之浪卡子也，表兄弟當為翻譯之誤，因為表兄弟，堂兄弟於英文皆為 cousin 一詞也。

阿旺朗吉（一五九四～一六五一年）者爲主巴噶舉創始人藏巴嘉熱耶歇多吉之後裔，其父名丹貝尼瑪（一五六七～一六一九年），祖父米旁曲傑（一五四三～一六〇六年），均爲白瑪噶布之弟子，早年入布魯克巴傳教而常居於此地。據《清代西藏與布魯克巴》一書載，當阿旺朗吉出生後其父丹貝尼瑪即宣稱其爲白瑪噶布之轉世，然第五世達賴家族一子亦稱爲白瑪噶布之轉世，並邀請丹貝尼瑪前去測試，丹貝尼瑪否定此靈童，但爲其取名巴桑旺布（一五九三～一六四一年）。阿旺朗吉八歲時從其祖父米旁曲傑受沙彌戒並登上強曲林寺寶座，十三歲時其祖父米旁曲傑圓寂，阿旺朗吉移居熱隆寺出任十八任主持。然瓊結家族獲取恰域第巴（第三第四世主巴活佛之施主）及主巴噶舉另一活佛貢噶德欽曲闊寺主持拉孜哇・阿旺桑波之支持，爭執不休。藏曆木兔年（西曆一六一五年），年二十一歲之阿旺朗吉應邀至日喀則桑主孜宮與年十七歲之第悉藏巴彭錯南傑會晤，歸途中於雅魯藏布江達珠卡渡口與巴臥活佛之隨從發生衝突，巴臥活佛隨從被刺並落水中，巴臥活佛爲第悉藏巴之盟友，第悉藏巴命阿旺朗吉支付命價並交出熱隆寺之古老聖物，即藏巴嘉熱的脊椎骨第一節，阿旺朗吉拒絕之，第悉藏巴擬武力進攻之，阿旺朗吉自知難抵，故攜其隨從於藏曆火龍年（西曆一六一六年）出走布魯克巴。

一六三九年第悉藏巴與布魯克巴之衝突

阿旺朗吉出走布魯克巴後，第悉藏巴與阿旺朗吉之衝突並未休止，據《清代西藏與布魯克巴》一書載，阿旺朗吉出走布魯克巴不久就有拉古霸之征布魯克巴失敗被殺，一六三四年又一次遠征，佔領延布，但因藏軍火藥庫爆炸而全軍覆沒，一六三九年第悉藏巴又一次派軍遠征布魯克巴，《現代不丹》亦提及之。關於衝突之詳情，史料載之極少，在《五世達賴喇嘛自傳——雲裳》一書之第一三九頁載，在第悉藏巴之時，南方主巴送其子到後藏作人質，我們將其全部釋放，不想他們卻忘恩負義，反而心生仇恨之記載。《薩迦世系史續編》於此衝突之記載聊可稍補也。

四十三歲土兔年〔註39〕時，藏巴汗〔註40〕向洛巴進行征伐，放火燒了所

〔註39〕指薩迦大師一切智江滾阿麥修阿旺貢嘎索朗扎巴堅贊貝桑波四十三歲之時，即藏曆第十一饒迴土兔年，西曆一六三九。
〔註40〕藏巴汗，指噶瑪丹迴旺波（一六〇六～一六四二年），一六二一年其父彭錯南

有布魯克巴（不丹人）施主的房屋，準備將布魯克巴夏仲本人〔註41〕秘密地軟禁在溫貢寺〔註42〕內。在這場戰亂即將來臨之時，大師不顧個人安危，不辭勞苦立刻前往。日喀則的第司閣下和巴初代本〔註43〕郭隆巴等兩人下達了集結軍隊的命令，並抽調了後藏軍。後來藏軍和布魯克巴簽定了互不侵犯條約，雙方軍隊後撤。當時大師在帕里住了近一個月，住在由得道者唐東結波〔註44〕所修建的桑主拉康〔註45〕。大師在此向得道者親手修建的吉祥塔和著名的能夠醫病的得道者本人之塑像等一切殊勝所依處進行了頂禮摩拜，巡禮朝聖和潛心祈禱。帕里因為地勢高寒，終年積雪不斷，很不舒服。當時大雪斷斷續續時下時停，當大師向綽莫拉日山〔註46〕獻了回向朵瑪並祈求神靈保祐後，雪立即停止了。歸途中路經婁奇，格星隆，根巴，羅巴和納仁等地，每到一處都進行大會眾灌頂和大悲心的修行轉承。隨後接受指導六字真言的請求，發誓反覆念誦萬遍的人很多，念誦一百至一千遍的人也不少，因此為這些有情播下了解脫的種子。隨後大師返回古寺〔註47〕。（《薩迦世系史續編》頁一六七）。

傑辛，嗣為藏巴汗，統轄後藏及前藏大部，聯合康區白利土司敦悦多吉及蒙古卻圖汗以反對格魯派勢利之壯大，四輩班禪及五世達賴求助於額魯特蒙古固始汗圖魯拜琥，固始汗一六三六年擊敗卻圖汗，一六三九年殺白利土司，一六四一年進兵西藏，次年至日喀則，俘藏巴汗全家，囚於拉薩附近柳吾地方，撥一小莊園為生，後被固始汗發現與噶瑪派謀反叛計劃而置於濕牛皮袋溺死於拉薩河。

〔註41〕夏仲本人，夏仲，即清代文書所載之沙布嚨，沙布籠，沙布隆等，置於西藏地位尊崇之喇嘛或貴族前之名號，意為即將成佛之意。夏仲本人指統一布魯克巴部落之阿旺朗吉。

〔註42〕溫貢寺，在日喀則江當鄉，為班禪系統發祥之地，二三輩班禪之靈塔即在此寺。

〔註43〕代本，《欽定理藩部則例·西藏通制》載名戴琫，西藏傳統統領軍隊將領之名稱，及至清廷統一西藏，乾隆五十六年再次釐定西藏政制，西藏額設藏軍三千名，分統於六戴琫，每一戴琫統軍五百，秩四品，兩駐拉薩，兩駐後藏，一駐江孜，一駐定日。每一戴琫轄領軍之如琫二人，秩五品，甲琫四人，秩六品，定琫二十人，秩七品。

〔註44〕唐東結波，西藏歷史上最著名喇嘛之一，第六饒迴鐵陰牛年（一三六一年）出生於後藏今昂仁縣，第八饒迴木陰蛇年（一四八五年）圓寂，壽一百二十五歲，精通藏文，蘭查體及烏爾都文，於藏地包括布魯克巴廣建鐵橋與木橋，至今部份鐵橋猶存，亦為藏戲之鼻祖。

〔註45〕拉康，佛堂之意。

〔註46〕綽莫拉日山，松筠《西藏圖說》載名珠瑪拉大雪山，在唐古忒與布魯克巴界。

〔註47〕古寺，似指薩迦寺。

布魯克巴沙布隆及第巴之世系

　　中國大陸地區有關布魯克巴之漢文史料絕少，國外於布魯克巴之研究甚優之，尤以英人阿瑞斯之著作爲最，此處之布魯克巴之世系即錄自《現代不丹》及《清代西藏與布魯克巴》一書所引之資料。《現代不丹》一書之布魯克巴之世系人名譯自英文，而英文又譯自藏文，幾經轉寫，與清代漢文史料載之布魯克巴人名差別明顯也，若阿旺朗吉即譯成阿旺納姆加爾等。

布丹沙布隆喇嘛世系表

序　號	人　　名	生　卒　年
一	阿旺・納姆加爾	一五九四～一六五一年
二	阿旺・吉格梅・達克巴	一七二四～一七六一年
三	阿旺・巧齊・加爾增	一七六二～一七八八年
四	阿旺・吉格梅・達克巴	一七九一～一八三〇年
五	阿旺・吉格梅・諾布	一八三一～一八六一年
六	阿旺・吉格梅・喬加爾	一八六二～一九〇三年

上表據《現代不丹》頁一四一製。

布魯克巴第巴世系表

《現代不丹》			《清代西藏與布魯克巴》			網　絡　資　料		
序號	人　名	任職年	序號	人　名	任職年	序號	人　名	任職年
一	翁澤・滕金・竺加爾	一六五一～一六五六年	一	丹增竹傑	一六五一～一六五六年	一	丹增・竺加爾	一六五一～一六五六年
二	朗貢巴・滕金・竺克達	一六五七～一六六八年	二	丹增竹扎	一六五六～一六六七年	二	丹增・竺克達	一六五六～一六六七年
三	喬加爾・明尤爾・特姆巴	一六六八～一六七六年	三	米居丹巴	一六六七～一六八〇年	三	卻加爾・明約・德姆帕	一六六七～一六八〇年
四	滕金・拉布吉	一六八〇～一六九四年	四	丹增熱傑	一六八〇～一六九五年	四	丹增・拉布傑	一六八〇～一六九四年
五	卡爾比・格登・喬佩爾	一六九四～一七〇二年	五	根頓群佩	一六九五～一七〇一年	五	卡比・格敦・卻佩爾	一六九四～一七〇一年

《現代不丹》			《清代西藏與布魯克巴》			網絡資料		
序號	人名	任職年	序號	人名	任職年	序號	人名	任職年
六	阿旺·澤仁	一七〇二～一七〇四年	六	阿旺次仁	一七〇一～一七〇四年	六	阿旺·次仁	一七〇一～一七〇四年
七	彭喬爾	一七〇四～一七〇八年	七	班覺	一七〇四～一七〇七年	七	烏姆澤·彭焦爾	一七〇四～一七〇七年
八	竺克·拉布吉	一七〇八～一七二〇年	八	竹熱傑	一七〇七～一七一九年	八	竺克·拉布傑	一七〇七～一七一九年
九	格西·阿旺·嘉錯	一七二〇～一七二九年	九	阿旺嘉措	一七一九～一七二九年	九	格色·納旺·嘉措	一七一九～一七二九年
一〇	仁波齊·米帕姆·旺布	一七二九～一七三七年	一〇	米旁旺布	一七二九～一七三六年	一〇	米帕姆·旺波（大師）	一七二九～一七三六年
十一	庫奧·彭喬爾	一七三八～一七三九年	十一	班覺	一七三六～一七三九年	十一	郭窩·彭焦爾	一七三六～一七三九年
一二	薩瓊·阿旺·加爾增	一七四〇～一七四四年	一二	阿旺堅贊	一七三九～一七四四年	一二	沙沖·納旺·加爾臣	一七三九～一七四四年
一三	喬加爾·謝拉布·旺楚克	一七四四～一七六三年	一三	喜饒旺秋	一七四四～一七六三年	一三	卓加爾·沙拉布·旺楚克	一七四四～約一七六三年
一四	竺克·彭錯克	一七六三～一七六五年	一四	竹彭措	一七六三～一七六五年	一四	竺克·彭措	一七六三～一七六五年
一五	竺克·滕金	一七六五～一七六八年	一五	竹丹增	一七六五～一七六八年	一五	竺克·丹增一世	一七六五～一七六八
一六	鎖南·倫杜普	一七六八～一七七三年	一六	索南倫珠	一七六八～一七七三年	一六	索南·倫杜普	一七六八～一七七三年
一七	參羅布·孔加·仁欽	一七七三～一七七五年	一七	貢噶仁欽（強巴貝）	一七七三～一七七六年	一七	昆嘎·仁青	一七七三～一七七六年
一八	吉格梅·辛吉	一七七六～一七八九年	一八	晉美森格	一七七六～一七八八年	一八	吉格梅·森格	一七七六～一七八八年
一九	竺克·滕金	一七八九～一七九一年	一九	竹丹增（桑傑丹增）	一七八八～一七九二年	一九	竺克·丹增二世	一七八八～一七九二年
二〇	鎖南·加爾增	一七九二～一七九八年	二〇	扎西南傑（索南堅贊）	一七九二～一七九九年	二〇	索南·加爾臣	一七九二～一七九九年

《現代不丹》			《清代西藏與布魯克巴》			網絡資料		
序號	人名	任職年	序號	人名	任職年	序號	人名	任職年
二一	翁澤‧恰普恰巴	一七九八～一七九九年						
二二	竺克‧納姆加爾	一七九九～一八〇三年	二一	竹南傑	一七九九～一八〇三年	二一	竺克‧納姆加爾	一七九九～一八〇三年
二三	翁澤‧鎖南‧加爾增	一八〇三～一八〇三年	二二	扎西南傑（再任）	一八〇三～一八〇五年	二二	索南‧加爾臣	一八〇三～一八〇五年
二四	桑吉‧滕金	一八〇三～一八〇六年	二三	桑傑丹增	一八〇五～一八〇六年	二三	桑傑‧丹增	一八〇五～一八〇六年
二五	翁則巴‧多瓦和波巴‧喬達	一八〇六～一八〇六年	二四	巴卓瓦	一八〇六～一八〇八年	二四	烏姆澤帕‧多瓦	一八〇六～一八〇八年
二六	沙布隆‧吉格梅‧達克巴	一八〇八年						
			二五	白瑪曲扎	一八〇八～一八〇九年	二五	巴瑪‧卻扎格	一八〇八～一八〇九年
二七	竺爾廷‧達克巴	一八〇九年						
			二六	楚臣扎巴	一八〇九～一八一〇年	二六	加格帕	一八〇九～一八一〇年
二八	沙布隆‧吉格梅‧達克巴	一八一〇年	二七	晉美扎巴	一八一〇～一八一一年	二七	吉格梅‧扎格巴	一八一〇～一八一一年
二九	喬勒‧土爾庫‧葉希‧加爾增	一八一一～一八一五年	二八	意希堅贊	一八一一～一八一五年	二八	葉色‧加爾臣	一八一一～一八一五年
三〇	恰普‧多爾吉	一八一五年	二九	擦普巴多傑	一八一五年	二九	扎普‧多爾吉	一八一五～一八一五年
三一	米旺‧鎖南‧竺加爾	一八一五～一八一九年	三〇	索南竹傑	一八一五～一八一九年	三〇	索南‧竺格加爾	約一八一五～一八一九年
三二	滕金‧竺克達	一八一九～一八二三年	三一	丹增竹扎	一八一九～一八二三年	三一	丹增‧竺克達	一八一九～一八二三年

《現代不丹》			《清代西藏與布魯克巴》			網 絡 資 料		
序號	人 名	任職年	序號	人 名	任職年	序號	人 名	任職年
三三	喬齊・嘉錯	一八二三～一八三一年	三二	普傑（曲吉堅贊）	一八二三～一八三一年	三二	卻基・加爾臣	一八二三～一八三一年
三四	多爾吉・納姆加爾	一八三一年	三三	多傑南接	一八三一～一八三二年	三三	多爾吉・納姆加爾	一八三一～一八三二年
三五	阿唐巴・廷勒	一八三三～一八三五年	三四	赤列	一八三二～一八三五年	三四	阿達普・曾拉	一八三二～一八三五年
三六	喬齊・嘉錯	一八三五～一八三八年	三五	曲吉堅贊（再任）	一八三五～一八三八年	三五	卻基・加爾臣（再任）	一八三五～一八三八年
三七	多爾吉・諾布	一八三八～一八四九年	三六	多傑諾布	一八三八～一八四七年	三六	多爾吉・洛爾布	一八三八～約一八四九年
三八	塔希・多爾吉	一八四九～一八五〇年	三七	扎西多傑	一八四七～一八五〇年	三七	扎西・多爾吉	約一八四七～一八五〇年
三九	旺楚克・加布	一八五〇年	三八	旺秋傑布	一八五〇年	三八	旺臣・加爾波	一八五〇～一八五〇年
四〇	沙布隆・吉格梅・諾布	一八五〇年	三九	晉美諾布	一八五〇年	三九	吉格梅・洛爾布	一八五〇～約一八五一年
四一	恰克巴・桑吉	一八五〇～一八五二年	四〇	嘉巴桑傑	一八五一～一八五二年	四〇	查克帕・桑傑	一八五一～一八五二年
四二	多爾羅布・帕爾瓊	一八五七～一八五八年						
			四一	丹曲倫珠	一八五二～一八五六年	四一	當卻・倫魯布	一八五二～一八五六年
四三	鎮南・托布吉	一八五八～一八六〇年	四二	貢噶貝丹	一八五六～一八六一年	四二	索南・托布傑	一八五六～一八六一年
四四	彭錯克・納姆加爾	一八六〇～一八六三年	四三	頓珠（彭措南傑，納孜巴桑）	一八六一～一八六四年	四三	彭措克・納姆加爾	一八六一～一八六四年
四五	竺爾廷・容登	一八六三年						

《現代不丹》			《清代西藏與布魯克巴》			網 絡 資 料		
序號	人 名	任職年	序號	人 名	任職年	序號	人 名	任職年
			四四	次旺喜圖	一八六四年	四四	澤旺‧西吐普	一八六四年
			四五	楚臣雲丹	一八六四年	四五	楚爾廷‧雲騰	一八六四年
四六	噶舉‧旺楚克	一八六四年	四六	噶舉旺秋	一八六四年	四六	噶駒‧旺楚克	一八六四年
四七	策旺‧希土普	一八六四～一八六五年	四七	次旺喜圖	一八六四～一八六六年	四七	澤旺‧西吐普（再任）	一八六四～一八六六年
四八	宗杜‧佩卡爾	一八六五年	四八	尊追白噶	一八六六～一八七○年	四八	沖杜‧佩卡爾	一八六六～一八七○年
四九	吉格梅‧納姆加爾	一八七○～一八七四年	四九	晉美南傑	一八七○～一八七三年	四九	吉格梅‧納姆加爾	一八七○～一八七三年
五○	基澤爾巴‧多爾喬加爾	一八七四～一八七八年	五○	多傑南傑	一八七三～一八七九年	五○	基澤爾帕‧多爾吉‧納姆加爾	一八七三～一八七九年
五一	喬加爾‧藏布	一八七八～一八八一年	五一	曲傑桑布	一八七九～一八八二年	五一	卻加爾‧章波	一八七九～一八八二年
五二	澤旺喇嘛	一八八一～一八八二年	五二	次旺	一八八二～一八八四年	五二	澤旺喇嘛	一八八二～一八八四年
五三	卡瓦‧藏布	一八八二～一八八三年	五三	噶瓦桑布	一八八四～一八八六年	五三	卡瓦‧章波	一八八四～一八八六年
五四	揚洛布‧桑吉‧多爾吉	一八八三～一九○一年	五四	桑傑多傑	一八八六～一九○三年	五四	揚羅布‧桑傑‧多爾吉	一八八六～一九○三年
五五	喬勒‧土爾庫‧葉希‧歐杜布	一九○一～一九○五年	五五	意希俄珠	一九○三～一九○五年	五五	葉色‧洛杜布	一九○三～一九○五年

光緒三十三年後世襲之布魯克巴部長

序 號	人 名	任 職 年
一	烏顏‧旺楚克	一九○七～一九二六年
二	吉格梅‧旺楚克	一九二六～一九五二年
三	吉格梅‧多爾吉‧旺楚克	一九五二年～

上表據《現代不丹》頁一四一製。

固始汗及其後裔時期與布魯克巴之歷次衝突與談判

　　固始汗後裔統治衛藏期間，甘丹頗章與布魯克巴屢生齟齬以至於征伐，而薩迦昆氏家族屢調解之，此有其因也，一者昆氏家族在衛藏地位之崇高也，其爲元時期統治衛藏之家族也，元朝皇帝之帝師盡出其門，此時期雖甘丹頗章確立衛藏統治之地位，然五世達賴確定之位次，薩迦之地位僅次於達賴者也。二者薩迦昆氏家族之薩迦派，非甘丹頗章之格魯派，亦非布魯克巴信奉主巴噶舉也，故顯其中立之資格也。然需注意者乃同一次衝突之調解，薩迦昆氏家族有兩撥人馬前去者，乃因此時期之昆氏家族分裂爲細脫拉讓與孜東拉讓兩拉讓故也。

一六四四～一六四六年甘丹頗章與布魯克巴之衝突

　　一六四四年即固始汗佔領西藏全境不久，甘丹頗章即與布魯克巴發生衝突，《現代不丹》載布魯克巴與甘丹頗章之間因門巴人的寺院問題發生了糾紛，五世達賴喇嘛想把他的意志強加於布魯克巴，布魯克巴拒絕五世達賴喇嘛對布魯克巴邊遠谷地，特別是門達旺的統治權，當固始汗的蒙古軍隊在一六四四年入侵布魯克巴時，布魯克巴決定和五世達賴喇嘛和解，兩年後布魯克巴與甘丹頗章談判并起草了一項協議，從而恢復了布魯克巴與甘丹頗章之間門達旺的原有局面。而漢文及譯成漢文之史料於此次甘丹頗章與布魯克巴之衝突極少，據《陳慶英藏學論文集》頁六三七載，一六四四年夏季，舉兵反對固始汗的噶爾巴從山南洛扎逃往康區，固始汗和索南饒丹派出一支七百

多人的蒙藏聯軍開往門隅，與支持噶舉派的布魯克巴發生衝突，蒙藏聯軍作戰失利，領兵之囊索歐珠，仲孜霸等人被俘，蒙古兵戰敗逃回，固始汗和格魯派的西藏地方政權和支持噶舉派的布魯克巴之間的戰爭正式開始，然陳慶英先生未指史料之來源也。

一六四七～一六四九年甘丹頗章與布魯克巴之衝突

一六四四年之衝突未幾，甘丹頗章與布魯克巴之衝突又起，《陳慶英藏學論文集》頁六四六載，從一六四七年底至一六四八年初甘丹頗章派兵大舉進攻布魯克巴，前藏軍進至距布魯克巴首都普納卡僅一天路程之地，後藏軍隊包圍了洪熱卡地方，但是第巴諾爾布一軍戰敗後倉皇退至帕里，使深入布魯克巴之前藏軍連撤回都困難，此次甘丹頗章出兵以先勝後敗結束。而《現代不丹》言此次之衝突，甘丹頗章慘敗，入侵的西藏人爲樹林中之蜜蜂刺傷逃亡時爲布魯克巴人而捕殺。

在五十歲火狗年〔註1〕時，桑耶寺〔註2〕大護法寄來書信。信中講今年格西（指大師）身有大災大難，需要不少的安全退隱處。如其所言，十一月裏冬季法會結束的那天晚上，大師火盛熱動之舊病復發，當身體感到不舒服的時候看見聖者仁波切從四面八方前來進行引導。隨即反覆採取了剖刺放血和藥物治療，並注意休息調養。又在百多個寺廟放布施，由於祈禱禳災的強大威力，大師終於從病魔中解脫出來。隨後舉行了慶典和共同除障。後又在火豬年正月裏。對全體僧俗普遍放布施。由大師充當大會之會首，進行善根大圓滿菩提之迴向。

土鼠年〔註3〕，桑耶大護法來到嘎欽仁波切之跟前，如同以前又一次進行稟報。正如上面聖者的傳記中所說，在這一年裏，原先極爲傲慢的乃珠以及

〔註1〕指薩迦大師一切智阿旺貢嘎索朗扎巴堅贊貝桑波五十歲之年，即藏曆第十一饒迴火狗年，西曆一六四六年。一切智阿旺貢嘎索朗扎巴堅贊貝桑波，生卒年（第十饒迴火雞年（一五九七年）正月十一日至第十一饒迴土豬年（一六五九年）十一月年）壽六十三歲，薩迦昆氏家族之後裔，爲薩迦細脫拉讓之人，《薩迦世系史續編》頁一三六起有其傳記。

〔註2〕桑耶寺，位於今西藏山南地區的扎囊縣桑耶鎮境內，始建於西元八世紀吐蕃王朝赤松德贊時期，爲西藏第一座剃度僧人出家的寺院。寺內建築按佛教的宇宙觀進行布局，在藏區寺院內具有崇高之地位。

〔註3〕指第十一饒迴土鼠年，即西曆一六四八年。

心術不正的拉珠兩部落從洛中退出，請求歸順藏王，以福田施主作爲靠山。西藏兩次對布魯克巴用兵期間，對乃，拉的酋長仲雜瓦很難管治，當時束手無策。後來當十月裏大軍出動時，大師在惻隱之心的驅使下又前去調停。在帕里固始汗〔註4〕之子〔註5〕和噶丹頗章（即西藏地方政府）的大總管，福田施主會晤時說，應將軍隊集中，倘若布魯克巴情願接受的話，就按命令執行。說後並沒有布置軍隊進行集結。大師後來前往巴卓〔註6〕地方，但還沒有找到機會對藏洛雙方進行詳細調解時，藏軍已經秘密地進行了集結。由於騎兵和步兵快慢的區別，當騎兵大部份到達了巴卓山頂時，一千多名步兵才到達巴卓的半山腰，這時布魯克巴的軍隊也接踵而來，洛內部的人開始屠殺藏軍，圖謀進行一次可怕的行動。隨即大師對洛部落的將領和布魯巴的烏欽法王明之以理：「先前要派藏軍來，其本身也是奉命，你們現在從災難中解脫出來，要知道這是薩迦大欽的恩德」。使彼等認識到爲有今日的太平，藏軍有無量的恩德。

那時，藏軍本身遇到了危險。大總管的身體已無法醫治。大師心中明白死神已降臨。於圓滿地進行誦經和超度儀軌。後來回到古寺將遺體進行了火化，並由大師將其碎骨塊做成泥塑小佛像，安放在閣樓裏。臨時連續不斷地死後的善根祈禱儀軌。另外，又做「普明大日如來儀軌」一千次，並做安樂祈禱和「普賢行願品」十萬次。（《薩迦世系史續編》頁一七一）。

〔註4〕固始汗（一五八二～一六五五年），又譯顧實汗，領魯特蒙古和碩特部人，爲成吉思汗弟哈布圖哈撒爾之後裔，名圖魯拜琥，哈尼諾顏洪果爾第四子，以勇武著稱。一六三五應四世班禪羅桑卻吉堅贊，第巴索南饒丹之請，與巴圖爾琿台吉聯兵進軍青海，擊敗卻圖汗，據其地。一六三八扮香客至拉薩會見達賴五世和班禪四世，獲顧實丹增曲結即國師持教法王之尊號。一六四〇攻滅康區白利土司頓丹多吉，一六四二年滅藏巴汗，勢利囊括幾乎整個藏區，命長子達延鄂齊爾汗駐守拉薩，扶持黃教，獻前後藏之稅收於五世達賴，至此，和碩特部建立囊括青海，康及衛藏之政權，與清廷通好，順治十年即一六五三年清廷封其爲遵文行義敏慧固始汗。

〔註5〕固始汗之子，據《安多政教史》及《如意寶樹史》等書載，固始汗有四妻十子，一六四二年固始汗佔據衛藏後，命其長子鎮守之，第六子多爾濟號達賴巴圖魯輔助之，及至固始汗去世，其長子達延繼其位，號達延鄂齊爾汗。此處之固始汗之子應爲其長子或第六子或二子。

〔註6〕巴卓，即今日地圖上常標註爲帕羅之布魯克巴城市，位於布魯克巴之西部，爲自帕里通布魯克巴部長居地之交通要道，清時期爲布魯克巴除部長居住地之外最重要兩個宗之一，另一宗爲湯薩，此二宗之長官爲布魯克巴最爲權勢之首領，常爲爭奪布魯克巴部長之職而引布魯克巴之內亂。

一六五六～一六五七年甘丹頗章與布魯克巴之衝突

關於一六五七年甘丹頗章與布魯克巴之衝突，《薩迦世系史續編》有兩處記載，分別爲薩迦派昆氏家族兩拉讓，即孜東拉讓與細脫拉章參與調解甘丹頗章與布魯克巴之衝突，此二拉讓之人合於一起參與調解也，《現代不丹》言不知此次衝突之詳情。《陳慶英藏學論文集》頁七一三載一六五六年之藏曆七月，當時蒙藏聯軍攻入布魯克巴，第巴索南饒丹前往後藏安排後勤支持等事務，拉薩的貴族人等也處在慌亂之中，藏曆九月第巴索南饒丹到達尼如河邊時，因地勢過高而呼吸困難，第巴諾爾布密報五世達賴喇嘛，請求五世達賴喇嘛勸說索南饒丹退兵，此時索南饒丹亦派人來請求護祐索南饒丹身體之法事，五世達賴喇嘛派人到各個寺院熬茶齋僧，索南饒丹逐漸康復。《陳慶英藏學論文集》頁七一五載，一六五七年藏曆六月，蒙藏聯軍在布魯克巴因不耐暑熱和疾病流行而失敗，有人建議將指揮軍隊之達賴巴圖爾和茂濟喇克洪台吉撤回，但他們不願離開軍隊而撤回，不久茂濟喇克洪台吉在軍中病逝，達賴喇嘛爲他做了超薦法事，由洛本強巴仁欽爲他火化遺體，用骨灰和泥做了許多小佛像，由於這些挫折，由上下密院的兩位曲傑，札什倫布和俄爾寺出面調停，與布魯克巴達成保持和平之協議，使蒙藏軍隊得以平安撤回。

尊者〔註7〕到了十九歲火鼠年〔註8〕春，爲色松寺和各方僧眾多次傳授《普明大日如來灌頂》。夏季強巴〔註9〕索朗倫珠爲締結洛藏條約而起程。（《薩迦世系史續編》頁五十）

大師〔註10〕在五十九歲和六十歲的兩年裏，先後爲北方達波貢嘎索朗扎

〔註7〕 尊者指江貢丹增旺波，爲薩迦昆氏家族孜東拉讓世系，江貢丹增旺波之生卒年在《薩迦世系史續編》一書中記載前後矛盾，此書頁四十七記載其生於第十一饒迴土兔年（一六三九年）藏曆十月二十九日，頁四十八載龍年（一六四○年）其兩歲，蛇年（一六四一年）其三歲，水羊年（一六四三年）其五歲，皆可證明其生於第十一饒迴年無誤。然同書頁七十八載其五十二歲狗年（一六九四年）初十日圓寂。則其享壽爲五十六歲而非五十二也。《薩迦世系史續編》頁四十七起有其傳記。

〔註8〕 此處年代有誤，江貢丹增旺波十九歲時，若以其生於土兔年計，則應爲火雞年（一六五七年）而非火鼠年。

〔註9〕 強巴，即強佐，亦名襄佐，爲一寺廟或寺廟札倉之總管，負責寺廟或札倉的財產，屬民和對外聯繫，接待來賓，給本札倉僧眾發放口糧，布施，籌措各項經費。

〔註10〕 指薩迦大師一切智阿旺貢嘎索朗扎巴堅贊貝桑波，生卒年爲第十饒迴火雞年正月十一日至第十一饒迴土豬年十一月（一五九七～一六五九年），壽六十三

巴，勒隆堪布，鄂寺〔註11〕前任法王索朗江措，拉康堪欽桑木丹江措，尚頓喇嘛強巴阿旺朗結和江孜喇嘛仁欽強巴堅贊等人，不可思議地進行了《續部》的各種灌頂，指導及秘訣的隨許，傳承和注釋等，這些用言語難以表達。

火猴年〔註12〕時，永不動搖的佛法虔誠施主，薩央莫孜烏金措莫母子三人及大批眷屬侍從等從康區打箭爐來到古寺〔註13〕，向古寺當局奉獻了大批的綾羅綢緞和茶葉等，又向以拉康欽莫爲主的各個經堂供奉了大量祭祀資具，並在僧眾集會上布施齋僧茶等，所獻供品之豐厚難以想像，出乎意料。對彼等傳授了《噶當四本尊的隨許指導》《尊者之百種法源》《修心》等深而廣的師法，並讓永遠地繼承。然後又對全體主僕賞賜了大量而稱心的衣食財物。

一個時期從圖登寺來了遊學辯經者強卻巴貢嘎索朗，當彼遊學辯經完成後即將離去時，又改變主意留了下來。彼在說法的同時和大師一齊完成了長期的灌頂，傳承，指導和解脫等。大師對強卻巴講：「啊！最後讓你留下來，我想對你和佛法將會有益。我雖然老了，但是還要盡可能地說法，你們年輕人要爲共同佛法，特別是要爲大一切智佛法著想，努力進行講修，教誨和聽聞等。」對彼做了各種指示。那時，強卻巴還沒有獲得教誨與聞聽的地位，但是後來色松朗結的規範師和圖登朗傑寺康巴扎倉的規範師請求：「有益於佛法者已經出現，然而請對未來做出授記」。另外，爲對大致合格者採取單傳的形勢，大師以圓滿的形式對《主人手冊》進行了補充。

在藏洛眾生的命運中共同存在著災難，八月裏，由於邊界上個別人的行爲，引起了今上（對西藏地方政府的稱呼）的極大忿怒，於是今上向巴卓腹心地區派遣了由衛，藏，康及霍爾組成的大軍。布魯克巴法王也像著了魔似的，迫不及待地強佔土地。全體藏軍一致向大師祈請，然而大師看到時機尚未到來，先後派遣了各位人士到前方對士兵進行慰問。隨後大師向天和護法做潛心祈禱，求神保祐。當時大師得一夢：自己的一些僕人，在四個篩子裏

歲，薩迦昆氏家族之後裔，爲薩迦細脫拉讓之人，《薩迦世系史續編》頁一三六起有其傳記。

〔註11〕鄂寺，又稱艾旺卻丹寺。位於今日喀則市曲美鄉，一四二九年由薩迦寺第二十一代住持俄爾欽貢噶桑波創建，爲薩迦派俄爾派之祖寺，薩迦派在後藏之主要寺院之一。

〔註12〕指第十一饒迴火猴年，即西曆一六五六年。

〔註13〕古寺，指薩迦寺。

裝滿了奄奄一息的小鳥獻給了大師。大師對此進行了加持，於是小鳥死而復生，全部飛去。大師對於完成當前的任務充滿了信心，於是在十月初三日動身起程。沿途的招待和敬獻的供品不勝枚舉，廣大信徒滿足了做佛法施主的願望。最後大師一行抵達帕里的桑珠拉康。派遣堪欽〔註14〕桑登江措作為使者，前往巴卓向藏洛雙方的將領分別贈送禮品，並傳達了締結條約之命令。並向帕里地方的百姓親自傳授大悲心縫紉方法，無數次地進行灌頂，傳承和指導。以億遍六字真言作證，保證戒除殺生。為了許多有情之後裔，使解脫的種子更加成熟。對諸位金剛護法做額外的補償供，並及時不斷地祈求神靈保祐。此時得一夢：看見寶帳怙主容光煥發，布扎之尊顏猶如皎潔之明月，閃爍著三隻金眼。又一次在夢中看見刹士神婆羅門的身體，皮膚變成了一片片的藍色。另一次夢幻中：一隻很大的慈鳥嘴裏叼著一隻虎爪，慈鳥用它鋒利的鐵啄不停地啄，這祇虎瀕臨死亡，後來這死屍一般的老虎被拋在吉黑護法神殿背後的石岩旁。此後那隻慈鳥變成了兩隻大鳥鴉飛到了身旁，為兩隻烏鴉供奉了許多食物和美酒。在另一次夢幻中，師父大人手中拿著一隻蠍子和八隻蜘蛛，彼將這些十分可惡的蟲子全部放火燒掉，煙霧瀰漫了整個山谷。據說大火一直燒到正廳的護法神殿。前後夢幻得出的結果預示著，為洛藏雙方的安居樂業格魯巴（即西藏）和布魯克巴正在達成協議。對此故意進行歪曲者，上師天將予以誅罰。

　　以此之際，巴卓堪欽仁波切身體欠安。因此，古寺的代表發出命令請修法者索朗扎西前來，彼如期到達。言道：「我在做夢時，洛藏雙方將達成一個完善的協定，然而以前格魯巴和布魯克巴雙方之間沒有一個調停者，隨著巴卓堪欽的到來我這個由納仁宗窮寺養育之人，要親手決斷一些事情並要趁機去一趟洛地，從今天起對一些重大事件從頭至尾都將牢記在心。」講了許多深奧的話。

　　隨後在十二月二十六日堪欽再次來到身邊。大師六十一歲火雞年正月初八日起程前往納仁小宗。在此暫住兩個月，並為該地集會的僧俗進行灌頂講經。在適當的時候又給予個別精幹者一灌頂，指導和佛法教誨之機會。這時北方達波仁波切前來敬獻佛事，大師說：「我雖然年邁，但無需顧慮，而堪欽大概會有大的災難」。當時，像往日說的那樣，為了解救處於困境的眾生，於

〔註14〕堪欽，即大堪布。

角宿（三月）的十二日從納仁動身起程前往帕里，在帕里大約住有月餘。洛藏宗嘎〔註 15〕分別就協議進行協商，然而沒有受到接待。又在四月精幹的師徒抵達巴卓，藏軍猶如戰俘獲得了生命興高彩烈。住在巴卓腹地的藏軍，深受潮濕，暑熱和瘟疫的折磨。大師對每個侍從每天早晨都分發聖水，防止了瘟疫的蔓延，病號也迅速康復，顯示了慈悲。

隨後本人和代表來到了洪熱卡地區和藏軍兵營之間作了各種巡查。最後，大師和孜東達欽仁波切強巴索朗倫珠等叔姪〔註 16〕，吉雪夏仲以及鄂寺，扎什倫布寺〔註 17〕的代表等來到宗堆〔註 18〕，大師對布魯克巴的譯員十分嚴肅的說：「總之，佛法需要宏揚，眾生需要幸福，對此，洛藏雙方的大人們要共同考慮。祇有如此，藏洛雙方才會得到幸福。我認為洛地有洛地的幸福，西藏有西藏的太平，最後邊界不搞清楚的話，那麼歷時一年的協商也就沒有必要。因此，洛藏雙方的思想都要通達」。此後，布魯克巴的譯員說：「有關人士能親自耳聞目睹具德薩迦巴色身文殊菩薩，是我等的福氣。哲莫拉山口以內的藏軍卡加對我等強橫無理，而薩迦巴不指責藏軍。我的宗雜（地方長官）再三到此進行接洽，甚感羞愧。據說已接到命令，藏軍已將此獻於薩迦大施主」。大師對此又穩妥嚴肅地指出：「藏洛雙方簽訂了五年的協約，使藏洛所有的眾生納入解脫之道，心得安寧。故曾對我進行多次頂禮和祈禱。在以後很長時期哲莫拉山口就是一把鐵鎖，能打開這把鐵鎖的人，就是薩迦上師。」在一陣喧囂之後唱起了讚歌。布魯克巴，各位宗本和全體施主在完成調停之後，又互贈禮品，不可思議。

此後，六月初六日開始從巴卓後撤。藏軍的首領們在隊伍未走完之前需要留下說。如是藏軍和役畜毫無損傷，安全撤退。隨後大師師徒一行也動身起程。當時大師說：「今年藏洛雙方眾生如此受益，並非我有莫大的本領，乃是各位先師的恩德和護法神之威力。我觀察了彼此的動向和奧援，經常出現

〔註 15〕洛藏宗嘎，原文如此，本為布魯克巴與甘丹頗章之衝突，宗嘎者不知為何部落，清時期藏地有一宗名宗喀，若宗嘎為宗喀之異譯，然為甘丹頗章屬下之宗，不應與洛藏並列也，且宗喀去洛藏均遠，待考。

〔註 16〕強巴索朗倫珠扎西扎巴堅贊貝桑波為江貢丹增旺波之二叔，生於陰水牛年（一說木蛇年），《薩迦世系史續編》頁四十七載其名，故此處稱為孜東達欽仁波切強巴索朗倫珠等叔姪。

〔註 17〕扎什倫布寺，札什倫布寺為班禪額爾德尼住錫之寺，此處代指第四世班禪羅桑却吉堅贊，生卒年一五六七年至一六六二年。

〔註 18〕宗堆，西藏江孜屬一地名。

護法神一齊駕到的夢幻。」今上大總管〔註19〕在來函中如此寫到：「您今年爲利濟眾生，盡職盡責，調解達到了預期的目的，其功德無量。我本應會見，鑒於公務繁忙，未能如願。您要求以後在衛地會見，此要求可儘量予以滿足」。

隨後，大師一行依次來到恰必爾的時候，心傳弟子加貝央主僕及民眾等前來迎接。次日在大寺舉行了隆重的歡迎儀式。大師又在該寺普遍布施僧粥。深秋時節在雅隆不斷爲大噶舉巴貢卻索朗群丹〔註20〕等轉動博大精深的法輪。昔日關於壽元之事曾向堪欽阿旺卻扎求神問卜，有在六十一歲時愉快宣講佛事之說，今年到了如是執行的時候。

六十二歲土狗年時，前去爲夏仲大噶舉巴傳授各種師法。夏仲彼也向大師認眞地獻上了依靠先父妙決的長壽永生。「爲了佛法眾生之事業，祝願您活到八十歲，並願我倆同在」說。

拉薩的主宰者，福田施主〔註21〕向大師發出了邀請。爲旅途及佛事著想，在集會上普遍進行了布施。在此基礎了又宣講了《長壽度母心經十萬頌》等。於鬼宿（十二月）裏動身起程，依次來到日喀則，受到了德達羅布閣下的殷勤招待。隨後又受到貝科卻德寺，羊卓朗卡孜〔註22〕，下戒差和空嘎卻德等寺的喇嘛，官員和普通僧人的迎接，供養和最好的服侍。大師也爲他們當面說法。

當經過曲水〔註23〕抵達特炯時，有一女子突然鬼神附體，言道：「我是從桑耶前來迎接聖人的，要對閣下進行發願。」說著洋洋自得地來到了侍衛身旁，受到侍衛的攔阻。侍衛們進行了稟報，「我準備立即去桑耶，此刻身體十分勞累，不能會見」。大師如此下達了命令，隨後那女子便自動離去。最初到衛地時，有一偷盜包袱卷的竊賊鑽入內部，揭發者說可能是護法的隨員。

隨後，當大師抵達旬宗時，感謝受到了殊勝佛王〔註24〕，福田施主以及政府僧俗官員的遣騎迎接。到達拉薩兩天後於黃道吉日，佛王一切智和今上

〔註19〕今上大總管，指第巴索南群培，一六四二至一六五八時期任第巴。
〔註20〕大噶舉巴貢卻索朗群丹，待考。
〔註21〕福田施主，福田指五世達賴，施主指固始汗之子達延汗等固始汗子，固始汗已於一六五四年去世。
〔註22〕羊卓朗卡孜，羊卓爲羊卓雍湖，朗卡孜清時期爲一宗，《欽定理藩部則例・西藏通制》作浪噶孜，因浪噶孜位於羊卓雍湖邊，故此處連寫。
〔註23〕曲水，即現今之西藏曲水縣，清時期爲曲水宗，此地爲拉薩河匯入雅魯藏布江之處。
〔註24〕殊勝佛王，指五世達賴。

大總管等進行了會見，並隆重設宴款待，又進行了長時間的愉快交談。蒙古的全體首領也敬獻了大批禮品。

　　然後，大師對拉薩大昭寺和小昭寺的釋迦二尊，布達拉宮的滿意觀音和世自在觀音等各殊勝所依處，進行了供施。爲了佛法眾生共同的利樂，又進行了圓滿的祈禱祝願。在此聚集的薩迦巴，竹巴，寧瑪巴等各派的眾多大喇嘛，朗卡孜的第司及眾多僧俗一致敬信，請求朝拜和聆聽教法，並奉獻了難以數計的禮品。大師在大願法會上分別進行了大規模的布施，另外對衛地的所有大小寺廟也發施了布施。隨後，桑耶寺大護法請求大師迅速前來桑耶，趁此機會其他福田施主也同樣的發出了邀請。殊勝佛王以及今上總管仁波切等奉獻了極爲豐盛的禮品。感謝福田施主以及首腦和隨員又到渡口進行歡送，並再次贈送了大量的禮品。當大師一行抵達桑耶的松卡地方時，堪昌巴等前來迎接，次日在僧眾儀仗隊和吉雪夏仲的隆重歡迎下來到了行宮。第二天在布哈爾角樓上舉行了莊嚴的焚香祭祀。大護法本人也即將駕到。大師師徒暫時來到角樓外，當護法更衣完畢，隨著通知，護法駕到。在往日知事僧們沒有到石階的前頭迎接護法的慣例，並且那日石階又顯得很長，人們便飛速來到下庭院後門之間進行迎接。當神人一齊來到石階前頭時，大護法說：「爲班支達宏相佛法，我們三呼『惡善神得勝』！這時聚集在此的黑壓壓的人群便齊聲三次高呼『願善神得勝』！得勝！得勝！」二位神人分別在小凳上就坐。護法敬信的儀表，體態端莊。就多方面進行了交談，最後說：「規範蓮花生〔註25〕的崇拜者，厲鬼的大厚鎧甲和內衣等，當年這些東西除了你們薩迦格西之外，其餘誰也不配進行修補，今天也應該如此。上面所需的資具載於案卷之中不需蓋格西的圖章」。如云立即著手進行，案卷放在堪昌柔江巴手中。初三日大師親臨現場，取出盔甲，認真地完成了修補，使得大會甚爲滿意。大師又贈送了大批的信財，資具和供品。吉雪夏仲深深被其感動心悅誠服，故聆聽許多教法。以前薩迦使許多死鬼依靠超度的美名捨棄了醜身，在

〔註25〕蓮花生，烏仗那國（即今巴基斯坦之斯瓦特）人，相傳出生於蓮花之上。原爲印度的僧人，與寂護大師同於那爛陀寺學習，蓮師應藏王赤松德贊與寂護邀請，約於七五○年由印度啓程前往西藏弘法，以神通調伏了苯教八部鬼神，創立了最早的藏地寺廟桑耶寺。使藏民得以改宗正統佛教。並剃度巴賽囊等七人出家。由於這七人是西藏歷史上最早出家爲喇嘛的人，史稱預試七人。爲了紀念西藏佛教的創立，與寂護，赤松德贊，合稱師君三尊。相傳他居住在烏金刹土中。他曾經到不丹帕羅傳教，建虎穴寺。

工布地方稱做爲「噶瑪噶舉雪卡喇嘛」。（《薩迦世系史續編》頁一七五）。

一六七五～一六七六年甘丹頗章與布魯克巴之衝突

關於一六七五～一六七六年甘丹頗章與布魯克巴之衝突，《薩迦世系史續編》亦有兩處記載，亦爲薩迦派昆氏家族兩拉讓參與調解甘丹頗章與布魯克巴之衝突，想即可知此二拉讓之人必合於一起參與調解也。此次之衝突因同信奉主巴噶舉之拉達克支持布魯克巴而致衝突擴大，甘丹頗章與拉達克發生一六八一～一六八三之戰爭，甘丹頗章收回阿里地區，並使拉達克臣屬甘丹頗章。《陳慶英藏學論文集》頁八零六載一六七五年藏曆二月十八日，布魯克巴方面準備在停戰協議失效前偷襲邊界地首領阿卻，爲阿卻所知，集兵先行，一月底火焚丁東宗城堡，爲防布魯克巴報復，五世達賴喇嘛派德卻官布前去巡視邊哨，又派戴琫從江孜前去巡視。藏曆四月薩迦、札什倫布、德慶巴的使者們去布魯克巴後不久，派人來說若此次不派前藏之代表，談判難以進行，故五世達賴喇嘛又派察孜則波前去。藏曆六月，前往布魯克巴之代表至帕里，布魯克巴代表堅持阿卻部落應劃歸布魯克巴管轄，哲孟雄即今日所謂之錫金由雙方共同管轄，故一時難以解決。頁八一四載一六七六年藏曆六月，甘丹頗章派遣前藏的軍隊南征門域地區，五世達賴喇嘛會見了領兵的將軍擦古爾哇、正戴琫策旺、副戴琫策松巴、孜巴阿旺等人。十七日，五世達賴喇嘛給前去南方軍隊中的索諾木札西台吉傳授了依怙除障加持法等。《現代不丹》言布魯克巴入侵哲孟雄屬春丕地區，在西藏人的抵抗下後撤。

木兔年〔註26〕馬月（正月）二十八日起程返回，於觜月（二月）十四日抵達孜東。在每個護法神殿做圓滿的酬謝補償供。隨後修建了軌範白瑪，無量壽，加央貢噶索朗倫珠〔註27〕等眾多的塑像，安放在朗傑頗章宮。在心宿（五月）初五日予以開光，並對各所依的衣服、供物等做了布置。箕宿（六月）初八日充當修行金剛橛法會之會首。昴宿（十月）十九日前往朗傑孜拉讓。直至來年即火龍年〔註28〕觜月（二月）做清淨修法，證得親見本尊和許

〔註26〕木兔年，指藏曆第十一饒迥木兔年，即西曆一六七五年，此段記載亦爲江貢丹增旺波參與調解甘丹頗章與布魯克巴之衝突。

〔註27〕加央貢噶索朗倫珠，生卒年辛未陰鐵羊年十二月初八日至水馬年二月初九日（一五七一～一六四二年），壽七十二，亦爲孜東拉讓世系之後裔。

〔註28〕火龍年，藏曆第十一饒迥火龍年，即西曆一六七六年。

多成就表徵。牛宿月（七月）裏尊父阿旺索朗倫珠〔註29〕，雖無大病，但與世長辭，兄弟們〔註30〕廣泛舉行悼念。在康區香客，居者和行者的集會上做「喜金剛」、「勝樂」、「金剛橛」、「普明大日如來」、「無量壽」等各種灌頂和傳承以及《修法誨》等隨許，並舉行出家受戒，授予無數寧瑪派師法及經文傳承。

　　洛藏磨擦期間，古寺的加央索朗旺曲〔註31〕和吉雪以及扎什倫布寺之總管，於杖月（九月）裏各自爲條約而奔走斡旋。在昴宿（十月）二十七日爲藏洛協議而登程。鬼宿（十二月）初八日抵達藏洛交界處的哲姆拉山口。爲聽取藏洛雙方的談判，當時來了一些歡迎的馬隊，在穴木地方安下行營。爲歡迎的人們獻了茶，適當的進行了交談，而後各自返回。隨即叔姪〔註32〕前來會晤，對各個方面做了詳細探討。接著談判雙方的全體協敖〔註33〕開始了爲眾生安樂方便的協商，月底的最後一天，談判雙方的全體主僕連同少數首腦不畏艱險阻徒走來夏朗。贊東維那帶領軍隊也抵達此處。在此地住了十八天，大約會談了三次。在曲陝爾停留期間，大師塑了一尊勇猛寶帳怙主（寶帳忿怒明王）像，藉此降伏該地的土地神悲啼魔。大自在天岩生等門域的大部份土地神做出修行功業的保證。於望宿（八月）初八日在和布魯克巴的代表進行會談之後，條約大致達成協議。全知全見殊勝佛王（達賴喇嘛）講：「布魯克巴和政府雙方談判的喇嘛與官員辛苦了。」土馬年〔註34〕十二月閏月初五日，有一些布魯克巴之代表，軍隊，輜重烏拉等，住在布魯克巴方面的行營裏。布魯克巴方面的代表向叔姪閣下二人講：「你們古寺上下的協敖是金的磐石所圍繞，我等洛門之人理所當然要晉謁。」僅此說說而已但並未來。感謝噶丹頗章，士兵們請求摩頂，叔姪二人照此而行，第二天前往藏軍營房，住在西藏方面的行營裏。政府和布魯克巴雙方爲談判不惜投入大批的

〔註29〕阿旺索朗倫珠，江貢丹增旺波之父，生卒年爲陰水牛年至火龍年七月（一六一三～一六七六年）。

〔註30〕兄弟們，江貢丹增旺波有二弟，大弟索朗帕巴扎巴拉旺多吉，二弟阿旺羅布索朗旺給結波。

〔註31〕古寺的加央索朗旺曲，古寺指薩迦寺，因其爲薩迦派之祖寺，故名。加央索朗旺曲爲薩迦派細脫拉讓世之後嗣，據《薩迦世系史續編》載其生卒年爲土虎年八月初八日至木（原文誤作水，似爲印刷之誤）牛年八月二十五日（一六三八～一六八五年），壽四十八，《薩迦世系史續》頁一九六起有其傳記。

〔註32〕叔姪，指江貢丹增旺波及其二叔強巴索朗倫珠扎西扎巴堅贊貝桑波。

〔註33〕協敖，知事僧，管理僧團的執事僧。梵音譯作維那。

〔註34〕土馬年，藏曆第十一饒迥土馬年，西曆一六七八年。

人力和財物。談判雙方分別委派了代表，藏軍撤退，對洛藏雙方下達的所有命令，不折不扣地在如實執行。從閣下仁波切聞聽了真正的經文傳承，長壽灌頂和授記。此後協議書雖尚未簽字，但政府和布魯克巴之代表以及談判之協敖請求允許返回。正月十四日起程回孜東，受到貝科德欽巴僧眾儀仗隊的歡迎，在此歇宿兩日並進行了朝聖。授予所有僧俗得勝成就派長壽灌頂等各種如意法。然後依次乘船，在河邊神廟等處受到胞弟阿旺仁僧旺波〔註35〕與家族昆季和殊勝佛母，聖賢以及眷屬等的歡迎並臨時搭起行營，供養豐盛的飲食。

　　正月二十七日上午受到集會僧眾儀仗的迎接，首先去桑丹培傑，而後去隆孜，所有領地百姓也從各個地方送來一系列的禮品。尊者也向所有住在莊園的人們頒發物質獎賞，並在集會上布施米粥等。並在各種護法神殿做酬謝，獻供品朵瑪和敬神哈達。對阿魯法王做《喜金剛根本灌頂》《金剛橛上下部》《勇猛寶帳怙主》《八尊》和《白摩》之許隨，並進行出家受戒等，給予佛法和物資獎賞，對正廳等宮殿進行修繕和油漆彩繪。在四月裏去烏玉，桑才，昌都等地。在沿途滿足所有僧俗兩法之願望，大約在半個月之後抵達寺廟，對喇嘛索朗繞結等做《百種修法》《普明大日如來》《無量壽》《摧破金剛》《八尊》《白摩》之隨許和《百種朵瑪》《水龍》《往生》等傳承，並委派喇嘛索朗繞結為康區的禮品官。此後，由於門地的代表們已到達，因此，於望宿（八月）二十八日起程漸漸向帕里進發。鬼宿（十二月）十五日在哲姆拉山腳下的查堆貴坡處，政府和布魯克巴的代表就協定之內容舉行會談，雙方協敖共同對條款做了較大的修改。二十廿日返回帕里。二十二起程回古寺，經過加絨，古爾巴扎倉的僧眾儀仗列隊迎接，在此休息兩天，會見了大夏魯巴，並賜予《紅黃文殊之隨許》，大夏巴又做長壽灌頂加董碼和獻長壽永生。而後順序經過巴朗〔註36〕和達欽等抵達住所時，協敖們以及僧眾儀仗列隊歡迎。土羊年〔註37〕正月初三到達隆孜頗章宮。於角宿（三月）十三日對經堂的天窗閣進行油漆，對大能仁主僕，二勝六莊嚴，別解脫戒繼承者以及本尊，護法財神等絢麗多彩的壁畫和經堂的殿門抱廈實行翻修並為之開光。將許多土地和家畜作為強巴索朗倫珠的期供，家廟，銀塔，彭措神廟和十地神廟等所有

〔註35〕阿旺仁僧旺波，待考。
〔註36〕巴朗，《欽定理藩部則例‧西藏通制》作巴浪，宗本秩六品，今西藏白朗縣。
〔註37〕土羊年，藏曆第十一饒迴土羊年，西曆一六七九年。

三佛田的酥油燈恆產的公積基金。

土羊年十月初五日動身去衛地，由弟仁波切送行。爲會見孜雪閣下，經過恰恰拉山口前往東卻。在前進的旅途中，對居住在當地的霍爾，蒙古等牧民及一切生死有情的願望均予以滿足。十八日再次前往日喀則，第司和上下高級僧俗四十多人在郊外設灶郊迎。十九日前往拉薩班角繞丹寓所。第司在茶和旅費上大力相助。孜雪派知客主僕等僧俗十五人進行迎接，上下高級僧俗官員全體予以會見，獻上了以喜金剛佛像加納瑪爲首的九個一組的禮品共計十五份。當第四輪茶飲過之後，開始詢問改善藏洛關係等有關問題，尊者對此做了恰當的回答。隨後在客廳舉行了豐盛的邀請宴會。次日達賴喇嘛授予了極爲圓滿的珠結瑪長壽灌頂和授記，並賞賜了漢地所產的精彩「加結」和漢鈸等大批財物。同時指示，現今長生不死的主宰降臨了，《寶訓》和《道果》爲首的一切師法自然將貫通無阻。因此，要廣泛利濟佛法眾生，鑒於這種形勢，當前務必要去桑耶地方進行致意等。由於肩負兩法，因此要在那爛陀〔註38〕等衛地做師法，但可以結合古寺的事務進行。」閣下衷心感謝賜予兩法之教誨。二十五日上午隨著朝拜拉薩大小昭寺釋迦二尊的結束，爲閣下一行送行的僧俗主僕比昔日迎接時增加了許多。起程時又在朗日設灶郊迎，並向主僕們贈送了大量的禮品，使得人人滿意。(《薩迦世系史續編》頁五九)

兔年〔註39〕五月二十五日動身起程，抵達夏木格頂的第二天堪欽也來到此地。另外，溫仁波切阿旺羅色卻丹，扎巴斜聶朗傑和恰昌結仲等也一齊到達。六月初三日開始講法，七日之後暫停，這時大師做一夢：有位黑面遊方僧，左手持一號角，右手拿著經卷，準備獻於大師言道：「這就是所需要的道果金剛偈句。」大師抬手便接。但是，還未得到經卷便醒了。此乃佛法無邊無際之象徵。此後在三現分結束後，大師前往上面古寺修行金剛橛，並就建立道果之情況派人向佛王閣下呈遞了信函。堪欽本人閉關休養。殊勝佛王批覆曰：建立口授教法之情況很好，再次金剛橛修行結束後，要主動聆聽餘法。爲慶賀古寺和堪欽雙方建立師法，特賜予寺廟莊園一個，並賜予大師查噶扎西桑珠等永久判決書一份。

〔註38〕那爛陀，此處之那爛陀非印度著名之那爛陀寺，而爲薩迦派主要寺院之一之那爛陀寺，位於今西藏林周縣。

〔註39〕兔年，指第十一饒迥木兔年，西曆一六七五年。此處爲薩迦世系細脫拉讓之索朗旺曲參與調解甘丹頗章與布魯克巴衝突事。

　　正當這時堪欽身感疲勞，大師修行金剛橛結束之後，隨即前往進行消除災難等灌頂，未完之法因此推遲。堪欽暫時返回夏魯寺〔註40〕。由大師爲溫宗等人詳細講授灌頂傳承等師法。溫宗來到住處又秘密傳授了有關《三赤》等若干深奧秘法。

　　那時，由於門巴〔註41〕阿卻等挑撥離間，藏洛雙方糾紛再起。爲了眾生利樂著想，大師委派上師桑結培欽爲代表，向政府呈報了有關情況，政府批覆曰：「有關南方協議事項經過各位長老協商，將派遣使者，這大概會有利於眾生之安樂。」而後接到了公文的原件和抄件，在桑丹寺向修法者喜繞堅贊頒發了委任狀，並就規章制度進行了口頭指示。

　　爲了政府第巴〔註42〕的就職典禮，委派大管家爲使者，同時桑丹寺堪布也一起前往致敬。在居者，行者和僧眾的多次集會上大轉密咒，勝樂，大威德等法輪。本昌溫波奉獻了用黃金製做的舞姿文殊菩薩主僕五尊塑像等厚禮。當面賜予了熱派大威德的灌頂，隨許，加持和各種經文傳承，使心願得以滿足。如上所說，當時堪欽身感疲勞，所以不可能傳授未聽完之《寶訓》，故噶白傑仲阿旺典繞結向昌欽寺告假道：雖然講解《寶訓》，但以後是否應繼續聆聽？佛王閣下對此呈文先後做了批覆：以往至今古寺建立了師法，如此圓滿。甚爲妙匯。但是，法會需要給予假期，昌欽寺堪布可以負責審批。按照大師的講解雖有一些空話，但若能聆聽無不妥之處。而且，堪欽以後可能會不聽嗎？接此批覆立刻高興地牢記於心。然而懷疑藏洛雙方之盟書連代表本人都不能約束，而且擔心因拖延桑耶山頂所依處的建立，故大護法不進行一般的祭祀求福。對此答曰：「格西要做好自己份內的工作，而且從藏曆三月初一開始進行內外各處的不同所依物以及五種佛身眷屬和具體和密宗典籍相一致的身心影像的繪製工作。」書信正式到達之後，隨即指派以活佛白瑪旺結爲首的三人進行祈禱，祈求神靈保佑即將昔日角樓進行動工修繕的最初的工匠們，不要出現任何災難。得到的神旨如下：

〔註40〕夏魯寺，位於今西藏日喀則，饒俊乃建，著名歷史學家布敦久住此寺，寫就其著名史籍《佛教史大寶藏論》，亦形成夏魯一派。

〔註41〕門巴，即清代檔案史書所載之西藏們巴人，今多爲印度佔據，《皇清職貢圖》載，西藏所屬們巴番人，們巴部落，本亦西梵國所屬，因與布嚕克巴番人接壤，常赴藏地，其男子披髮，頂覆紅牛毛毿毿四垂，褐衣革鞮，肩披黃單，婦女披髮，約以金箍，綴珠鈿，褐衣跣足，亦有著革鞮者。

〔註42〕第巴，指固始汗後裔統治西藏時期第四任第巴羅桑金巴，一六七五至一六七八年間任第巴一職。

此次修繕無量宮，正如當初之設計，
不合時間之緣起，所有工匠和使臣，
難免不出災和難。善業之神和惡魔，
周圍所屬之八部，且有一半難馴服。
而盛德飲血金剛，彼之命令難違抗，
管束嚴格為理智，無形兇狠之八部，
重新安排為上乘。
大力宏揚佛之法，讚頌三寶之威力，
守護聖地寺廟時，且有歡喜和悲傷。
為了此次的安排，理域棕色之柳林。
北方淨土香拔拉，魔鬼引導頭髮昏。
對於有形約無妨，定要看清是否行。

按照所得神旨，工匠們向大師請求，在進行修繕之際，請求進行拆除之頂禮。第二天將進行拆除，當天請求對此進行賜教，如是這天晚上到處發出劈劈啪啪的爆裂聲。第二天大家都甚為恐懼，所以沒有人敢於帶頭進行拆除。後來指派一位中年人負責，自始至終也無一位工人或工頭髮生不幸。這主要是往日許願的結果。

大師三十九歲〔註43〕的時候，藏洛邊界發生了騷亂。佛王閣下命令第司〔註44〕前去平息騷亂。第司奉命前往。佛王閣下又指示說：倘若雙方的協定中斷，就需要第司前去做出各種抉擇，現在就要出發。部份居中者也要為眾生的方便利樂著想，儘量給予幫助，提供方便。

當時通過四大部洲派遣了前藏軍，後藏軍也通過薩嘎山口和哲姆拉山口，兩軍越過錯納〔註45〕和崩塘，撕毀了協議。全體眾生異口同聲的地說：「協議中止了，此時薩迦達欽仁波切倘若不能前去，那麼眾生的幸福也就完了」。大師也就被悲心深深所打動，因此同意前往。在對桑耶寺進行供施的同時，又向大護法神請求保祐和授記。得到的答覆是：「黑色惡魔變換了嘴臉，間或騷擾眾生的幸福，往日對這些惡魔一一進行了制伏，正如格西希望

〔註43〕 索朗旺曲三十九歲，即藏曆第十一饒迴火龍年，西曆一六七六年。

〔註44〕 第司，指第巴羅桑金巴。

〔註45〕 錯納，《欽定理藩部則例·西藏通制》作錯拉，為五品邊境宗，與布魯克巴接壤，即今西藏錯那縣。

的那樣，努力幫助眾生納入成熟解脫之道。」臨近動身起程時又在各護法神殿進行道路朵瑪的酬補儀軌，祈求神靈保祐，並且又向惹瓦麥護法敬獻了求神辦事的禮品。居者和行者得到了不會遇到災難的明顯授記。

於十月份動身起程，在途中爲許多徒眾灌頂講經。當抵達帕里之際，札什倫布和達德夏仲雙方已集中了協議的有關各方，在哲姆拉山背後的雪木地方紮下行營。在此其間孜東夏仲也同時到達，這對大家充分協商是何等的有利，特別是大師他爲了眾生的共同利益，不辭艱辛曾十一次來到絨地。然而，一些軍官們長期堅持強硬的態度。此時，金剛護法以各種變化對一些挑撥離間者進行懲罰。桑耶寺大護法也爲實現諾言授記云：「惹瓦麥犀甲護法神已使一些執邪見者患了某種地方病，使其傳承中斷，使另一些人死於從虛空射來的非神的鐵弓之下，使其餘的一些人，淪陷於國王的苛政之中。然而，進入狹小聖地的，這便是格西江貝多結所耳聞目睹的安居於淨土之上者也。」猶如授記，願望不久便得以實現，因此舉行了適當的慶祝。

蛇年〔註46〕九月裏爲向佛王閣下請旨，動身來到根巴羌塘地方。按照地方政府的催促，上報了有關協議的詳細報告。隨後便接到了如下批覆：「前天抵達時很想見上一面，然而鑒於尊嚴，故不便會晤，況且桑耶寺方面修建的所依處需要進行開光，因此，很快便可見面。」隨後派來了精幹的知客，當面再三做了詳細的說明，並贈以豐厚的津貼。大師再次返回，在哲姆拉山背後的結崗地方架設了帳幕。不但相互關照，同時又達到了各自預期的目的。

四十一歲土馬年〔註47〕二月初三日，賜予洛巴「伍孜」，洛巴奉獻了出乎意料的禮品。初四日向政府奉獻了「伍孜」，並奉獻了綢緞茶葉等不計其數的禮品，隨後相互之間人和物平安地進行了移交。洛巴的各位施主和吉拉培本巴，柏星巴，榜業寺，旺官府及巴初官府差民等按照自己財力的大小進行了奉獻，並前來虔誠朝拜。大師按照各自的願望，分別進行了灌頂和隨許，並授予鳥金仁波切的上師瑜珈和嘛呢的諷誦傳承等。又在大眾集會上立誓戒除：不敬上師，貪愛珍寶，殺生和偷盜等。

如是，爲了藏洛雙方，大師在長達十八個月的時間內爲饒益他人憐憫慈悲，勢必歷盡艱辛，爲引導徒眾的意念顯示出各種神變。其餘的各項協議分發完畢，在未立即決定交於門隅方面之前，當時大師師徒一行住在帕里，爲

〔註46〕蛇年，指藏曆第十一饒迴火蛇年，西曆一六七七年。
〔註47〕土馬年，指藏曆第十一饒迴土馬年，西曆一六七八年。

無數的徒眾講授佛法，同時還乘馬到納仁小宗授予大灌頂。在圖登仁欽林的經堂和各護法神殿進行大供養法會時期，大師在接受所贈的護法神殿雜迦夏父母的面具時，從眼角裏緩緩地湧出許多水銀一般的露珠。圓滿地舉行了酬補儀軌和求神保祐。當到達麻加，拉多和堆頗查各修行部時，當地人士向大師稟報了查波切護法神殿的朵瑪遭受鼠害等情況，大師云：「此乃咒師扎巴羅追的本尊神寶帳怙主的聖體正在山谷裏進行遷徙之故，以後不會再作運動。」正如大師所言，此後再未發生過鼠害。如此以四種施捨爲所有眾生打開了暫時的和長久的利樂之門。

四月初一日，咒師後嗣加貝央主僕乘馬來到洽白草原迎接大師師徒，安排的歡迎場面之精彩遠近聞名，而後大師被迎往古寺。在寺內布施了齋僧茶，向歌女饋贈了禮品。爲了藏洛協議，古寺的所有僧眾總管輪流前往各護法神殿進行祈禱，善神和惡魔展開了力量的較量，因此基本上出現了條件變化。

這時，拉康堪欽強巴索朗扎西的健康狀況逆轉直下，需要大師前去照料。彼言道：「昨天嘎柏結宗前來探望我的病情，規勸我多加注意。我說了在上師仁波切未到之前，我不死。說的大話得到了兌現。現在我不得不走了，然而完成了會見大師這椿心願，走也心安了。在我未死之前，請給予堪布的理應照顧之恩。」如其所言，向犀甲護法請求授記，隨著卦象之許可如同出現了修法者阿旺貢結桑曲，並祈賜教誨。正當堪布處於心滿意足之際，卻突然於後四月初一日與世長辭。由大師充當了超度法會的會首，指示修建內外所依等，於當月十三日吉日良辰授權堪欽阿旺貢結爲大喇嘛法臺。認爲要在桑耶修建佛塔靈器遵守規範儀則甚爲重要。阿達欽波的及門弟子曲柏頂巴認眞執行有關的文件，並採取決斷，再次向佛王閣下呈書送審，然後尋問能否修建所依處。答覆如下：爲了緩慢調教白嘎的有關思想，晶鬘，璁玉鬘，鐵鬘等續部秘訣和各種舊的伏藏典籍雖然存在，但是這次安放所依靈器時繁簡要適當，而且新生的「師聶」無需奉獻。就有關事項詳細做了指示。桑耶寺大護法又著重指出：「爲了對無量宮的所依進行維修和開光，在九月裏要準備慶祝」。

藏洛協議的議定書保存在南方贊普的手裏，然而北方贊普又聽到了各種新的謠傳，結合消除這些疑慮需駕馭座騎再次緊急前往。藏曆九月初五起程，第三天政府又將有關東門隅事項的判決書適時送到。當逐步來到貝科寺時，該寺堪欽貢邦巴雖然正在進行歷時三年的閉關念修，但仍然進行了會晤。強

調指出將尼泊爾工匠必拉曲製造的與殊勝佛王藥師佛祭祀儀軌中排列相同的
所有鍍金銅佛像獻給了貝科寺。而且要爲經堂進行圓滿的開光。尼泊爾眷屬
們敬獻了精心製作的樣本以文殊菩薩像爲主的大批禮品。在康如崗坎寺，拉
琪寺和帕里寺進行灌頂和法施。住在結嘎地方進行了最後的條約交接並簽定
了總的議定書，有關協議圓滿完成。當時又爲眾多的僧俗信徒講解了佛法，
受到了虔誠的供養和敬信。

　　隨後動身踏入歸程，當臨近古寺時，受到了咒師後嗣仁波切爲首的僧俗
部眾的熱烈歡迎，被迎往細脫拉讓〔註48〕的曲吉頗章宮，接受了治下臣民僧
俗部眾所敬獻的禮品。在各個護法神殿完成了酬補儀軌。然後起程東下時，
軌範師仁波切秘令授記說：在白嘎林將國王的頭一個靈器和夜叉供一同拋向
東北之邊境，百名咒師齊誦誅敵神咒，百名僧伽齊誦六字眞言，桑耶寺的官
長便能勝頑敵，邊境的軍隊節節在轉移。與此授記的同時，佛王閣下也向桑
耶寺的護法授記說：「倘若薩迦閣下爲聖地進行開光，在桑耶進行金剛橛回遮
開光，在昌諸〔註49〕也進行的話，將有益於整個藏區的安樂和方便。」應負
責前往。

　　於是四十二歲正月二十一日起程，在途中受到徒眾的護持。二月初八日
政府按照慣例前來進行迎接，到達拉薩的第二天被迎往布達拉宮，第司〔註50〕
也親自來到森窮嘎表示歡迎，並進行了長時間的愉快的會見。十一日那天在

〔註48〕　細脫拉讓，八思巴姪子達尼欽波桑波貝（一二六二～一三二二年）娶七妻，
　　　　　所生子分薩迦爲四拉讓，細脫拉讓即其一，爲達尼欽波桑波貝第五婦所生子
　　　　　闊尊欽波南喀勒巴堅贊貝桑波（陰木蛇年～陰水羊年，一三〇五～一三四三年）
　　　　　所傳出者，薩迦四拉讓未久即僅存細脫拉讓一系，其餘三拉讓皆絕嗣，細脫
　　　　　拉讓後又分出孜東拉章。
〔註49〕　原文作緒，今改爲諸。
〔註50〕　第司，指固始汗後裔統治西藏時期第五任第桑結嘉措，一六七九至一七〇三年
　　　　　閒任第巴職。拉薩北郊人，屬仲麥巴家族，順治十七年八歲時迎入布達拉宮，
　　　　　由五世達賴親自教育，學習佛教，文學，史學諸學科，康熙十八年五世達賴
　　　　　任其爲第巴，康熙二十一年五世達賴圓寂後密不發喪十五年之久，康熙二十
　　　　　九年至三十二年興建布達拉宮之紅宮，使布達拉宮初具規模。康熙三十二年
　　　　　假五世達賴之名請封於清聖祖，受封爲圖伯特國王。其與額魯特蒙古準噶爾
　　　　　部領袖噶爾丹關係密切，指派調處喀爾喀蒙古與額魯特蒙古矛盾之濟嚨呼圖
　　　　　克圖陰助噶爾丹對敵清廷，及至清聖祖滅噶爾丹，獲其與噶爾丹交通狀及五
　　　　　世達賴圓寂實情，嚴斥之，始迎立六世達賴。執政時期與統治藏地之額魯特
　　　　　和碩特藏汗矛盾激化，謀毒殺之被覺，康熙四十四年爲拉藏汗擒殺。亦爲
　　　　　一著名之學者，著述《黃琉璃史》等典籍。

尊者的像前進行了依止喜金剛的圓滿開光。功德教誨的代表噶倫坦多巴和仲
益坦結扎西二人到達，進行了單獨的慶賀和獻禮，爲一般人所不可思議。十
三日向佛王閣下祝賀足蓮長壽永生。而且聆聽了《三赤》《大小護法》以及闡
明時輪軌範儀則的經文傳承，朝拜了布達拉宮和拉薩的一切殊勝所依處並進
行了仔細的潛心祈禱。首先感謝十九日佛王閣下所賜的座次，而且爲了藏區
的共同敬事，另外賜予了在桑耶修行七日金剛橛和進行三日金剛橛回遮法與
三日開光儀軌所急需的資具，以及在昌諸〔註51〕進行三日開光儀軌所急需的
資具，以及在昌諸進行三日開光儀軌所急需的資具及大批賞品。第司閣下也
贈送了大批慶祝禮物。以閣下，扎倉爲首的喇嘛，官員和虔誠信徒所做的供
養更是無比豐盛，不勝枚舉。

　　二十日舉行歡送儀式後動身起程，由吉曲卡向送行的人們分發了饋贈物
品；同時又向在南方旅途中的侍從代表堆隆卓窮瓦和土布查瓦阿窩二人饋贈
了臨別禮品。

　　二十二日桑耶寺的神和人以長長的歡迎隊列迎接大師，按照預先的安排
前往上殿。二十三日在閣樓頂端進行薰煙驅穢。護法和大小官員前來歡迎，
高呼「願善神得勝」一如既往。大師又饋贈了哈達，茶新，薦新飲料，供神
的禮酒，頭箍，胸甲，座墊，木碗剜刀（製做木碗的工具），禮品，鎧甲和頭
盔，手絹，絞索，虎豹等的頭形十三副，銅鍍金寶幢十三副，懸於四角的鈴
鐺，曼扎，神馬，鞍具等大批供品。大護法又就途中順利，未遇到險阻，並
按照屬鬼的敦促順利爲聖地開光等情況，進行了詳細詢問。大師言道，倘若
完成角樓的修繕，並能建立所依處等，那麼，藏洛眾生的安樂將會得到長期
維持。這也是本續上師神和智慧護法您具有無比眼力，因此，出現了最好形
式。神人進行了融洽地交談。在此之後，第二天建立了修行金剛橛的田產。
在進行跳神那天，桑耶寺周圍天空布滿烏雲，但直到跳神結束，雨始終未下。
接著繼續進行金剛橛回遮法和開光儀軌，並向東北邊界投放了靈器，還在二
樓殿堂仔細認眞地建立了所依靈器等，又立即吩咐對全體地龍神供祭龍食
子。因此，當年五穀豐登。大護法也在所依建成後廣泛進行了善施，並在大
眾集會上進行了長壽灌頂。

　　在三月二十四日，動身前往昌諸寺。在該寺圓滿進行了三天的開光儀軌。

──────────────

〔註51〕昌諸，指昌諸寺，吐蕃王朝時期松贊干布修建之古寺之一，爲鎮壓古堪輿家
　　　　所說羅刹女左肩而建，位於今西藏乃東縣，據傳文成公主曾居此寺。

此時扎西寺又前來迎請，雖然願意前往，但是由於前去寺內略有不便，因此隨結合扎倉做經懺進獻了大量財物。在即將離開昌諸寺之際心想在此居住期間可能會得到一尊上師索朗堅贊的塑像，但是沒有得到，今天不會有希望吧！當向送行者回贈禮品時問：「雅隆這裡往日的具德先師和雅隆巴森格堅贊他們互爲師徒。由沈結瓦所親手製作的上師索朗堅贊的加持聖像你們沒有嗎？」孜錯巴的一位僧人說：「我有一件眞正由雅隆巴本人親自用恩師法王的鼻血製做的並確實具足靈驗的持燈者，無論如何樂於奉獻。」大師聽說心中甚喜，隨賜予經過加持的精美賞物，後將該佛像安放在寢宮裏。

在此之前從拉薩來會見桑普佛殿的上師時曾講：「您有一個用薩班的舍利子製做的尊勝像，我要乞討。」當時在下緊緊地握住佛像不願鬆手。可來到院外之後護法十分器重的一位僧伽從馬上跌下來不省人事。大師說是對護法身語意的懲罰，應進行懺悔。於是護法惠捨了五種肉。這次當著格西的面不危及生命並轉危爲安。護法向大師獻了見面哈達。當初前往衛地時期，厲鬼的身體衰弱，因此未能和格西會見，然而格西給予了祝福，所以身心安然無恙。講了許多崇拜敬仰的話。法會上廣做佛事並供養大量供品。又前去朝見了德達嶺巴欽波，並舉行了宴會。

丁波青的活佛阿旺年扎桑波也前來奉獻大量貢品並請求法緣。彼心地正直，十分高興地授予彼《離四耽著》之正文。在大眾集會上進行灌頂傳承，修行部虛空藏的二十五名格西前來請求釋難，因此口授一些教法，向大規範師獻了茶新，傳授了經文傳承。在東彭新建的道果佛堂進行大眾灌頂，使願望得以滿足。護法在吉雄惹瓦麥安排了歡迎儀式，在僧眾儀仗隊列之後擺放著銅境五副，具有十種瓶口裝飾的寶瓶五個，寶劍五把，絞索五條，彩箭五把，寶幢五頂，甲冑矛幡五副，豹皮五張，樂器五件。護法本人來到僧眾儀仗隊列之中敬獻了哈達，大師也回敬了哈達，然後一同前往。當時大護法說：「擾亂眾生公共利樂的渝盟者被厲鬼所驅逐，將落入格西的視野。」大師言道：「你們諸位護法是保護佛法和佛教大師的衛士，情況很好，而且你們具有三世無障無蔽之慧眼，應迅速消滅佛教之敵。」此後稍停片刻護法言道：「閣樓門的左邊鋪了一張虎皮，自屋頂放下一條張開口的絞索，次日來到時，已被絞索套住。一個秘密的敵人死去，而且未來做迴向禮，所以對此有看法。」關於這個問題，護法吩咐進行詳細的研討，並安排了廣泛地慶祝。在僧俗的大眾集會上廣泛賜予灌頂傳承和加持之恩。

塔波扎倉攜帶禮品前來隆重迎請,抵達空嘎後在利瑪拉康歇宿。朗索倫珠繞典巴又奉獻了大批禮品。隨後言道:「由於過去你們是這個寺廟的施主,其工作人員有所變更理所當然,以往至今生死的內心皈依處仍是薩迦派,並再次懇求。」隨發誓乞求。在僧俗大眾集會上進行了灌頂和傳承。尤其是在朝拜安放有大如來舍利子的靈骨塔時,從大殿上一顆舍利子隨著響聲落入懷中。

隨後來到雅卓地方,雅卓的正副第巴彼此不和。應當有良好風尚,為了聯絡感情,授予喜金剛通道灌頂,從此之後兩人感情融洽。

江孜貝科寺奉獻了不可思議的貢物供品,於是將該區無數僧俗納入解脫之道。在前往鄂寺的路上歡迎的人群中許多人請求摩頂。一位婦女看見在大師的座椅左右有兩隻形狀像夜狐拖著長尾巴的動物,見後這位婦女被嚇得昏了過去,當她漸漸清醒後說:我是和鄂寺的歡迎者一齊來迎接聖主的,當時我真正的看見聖主。到鄂寺後下榻在康薩拉讓,各個拉讓奉獻了大批禮品。大師對無數僧俗進行了說法,灌頂和傳承。然後路經夏木格頂繼續前進,這次在途中對公正無私的沙拉寺,哲蚌寺,雅隆扎西寺,熱窮普寺,雅隆喜查寺,孜錯寺,扎奇寺,丁波青寺,珠德朗嘎卓寺,東普寺,惹瓦麥寺,塔波扎倉,空嘎多吉典寺,坦林寺,江孜貝科寺,孜欽寺,鄂額旺寺,雜孜曲宗寺等廣泛進行了布施。

古寺安排的歡迎儀式和往常相同,大師愉快地抵達細脫拉讓,對所有的神人圓滿地進行了酬謝和宴請。圖登央金堪布釋迦桑波為照顧情面在南北寺[註52]詳細講授了《寶訓》典籍部份要點。

八月裏藏洛雙方交換了人質和抵押的財物。宣諭者前來宣讀了最後裁決。實現了國泰民安,然後有關人士起程返回。(《薩迦世系史續編》頁二一一)。

一六八五年甘丹頗章與布魯克巴之談判

《薩迦世系史續編》所載此次甘丹頗章與布魯克巴之談判於《現代不丹》未見,時為一六八五年,甘丹頗章與布魯克巴是否發生衝突亦為未可知。索朗旺曲(土虎年(一六三八年)八月初八日～水牛年(一六八五年)八月二十五日,壽四十八歲)於本次調解中圓寂,其子阿達參(加貝央阿旺貢噶扎

[註52] 薩迦寺分南北二寺,故此處曰南北寺。

西扎巴堅贊貝桑波，火猴年（一六五六年）四月～鐵兔年（一七一一年）七月十九日）繼其父調解甘丹頗章與布魯克巴之談判，無果。

在彼〔註53〕四十八歲〔註54〕時，藏洛雙方簽訂協約的時機成熟，隨以慈悲為懷動身起程，在此時做一夢，夢中由吉祥依怙白滾協變化的僧人模樣的一位侍從講：「在由三界圍繞的黑暗之中，全身具備了十八暇滿，從此自然天成真稀奇，刹那不住此無常。」夢醒之後尋思到使用無常之詞不甚吉利。隨後當臨近起程之際，對古寺的上師，規範師，職事，僧眾等一切人簡要吩咐道：「大佛堂的銅瓔珞格了無需要，另外，銅佛等如何出行，其安排布置要符合南北寺的寺規，努力去做莫懈怠」。對咒師後嗣加貝央連同部落佛教世系的護持宏揚進行了賜教，為居者和行者之消災避邪如是閉關和修供金剛橛以及細脫拉讓的所需形式做了詳盡的安排。

於六月初五日動身起程，依次到達帕里。七月初情況不妙，大師身體雖無明顯疾病，但像是疲勞過度，身體欠安。進入八月之後，有關大人的健康狀況主僕們要向古寺拉基和噶丹赤巴〔註55〕進行彙報，並請求破例做佛事，而未得到大師批准。但仍對洛內部的大約十一個寺院布施了僧茶和僧粥。當月初十左右頭和腳出現了輕度的水腫，經醫生們治療後仍未好轉。十三日締約者商議進行一次聚會，十七日將與布魯克巴的代表進行會晤，該日黎明時分突然得了血氣病（高血壓症）身體感到不舒服，所以不便和洛方進行會晤，隨指派總管為代表。到了正午時分身體大有好轉，醫生們又說眾生之福份像是已盡，否則這次毛病根本就不可能出現。

當時雖然未得到大師的許可，但是侍從們還是派遣了向古寺稟報情況和要做敬事的使者，然而使者在途中生病，因此時間上沒有把握。另外，先前曾多次出現為其他淨土的徒眾著想之類的說法，不近期內外出現的徵兆又多不吉利，日月暗淡無光，大地搖撼，雪山的標誌遭破壞，寺院東面小石岩的沙丘崩塌，過曲河水顏色發生了變化等，出現了各種惡兆。從近處行營的前方升起了各種彩雲，從遠處帳幕的上面射進了各種彩霞。木匠多吉準備從行營返回古寺時，大師說讓他暫時留下，為的是以後要做棺木。大師又心情十

〔註53〕指索朗旺曲。
〔註54〕指索朗旺曲四十八歲之時，藏曆第十一饒迴木牛年，即西曆一六八五年。
〔註55〕噶丹赤巴，繼承宗喀巴法座之人，七年一任期。

分平靜，時刻不忘祈祝禱，間或對往日的先師，尊者，夏仲阿旺朗傑〔註56〕之靈塔照樣進行供奉，暗示了空性的所有餘義。

一天大師看見附近有兩隻慈鳥在疾行追逐，隨言道：「我從這病中解脫出來，而行營中將會有一人死去。」而僕人們說：「祇要大師身體無恙，誰死都可以。倘若藏洛雙方邊界簽訂了無需陳兵的條約，即刻就去說。」又一次講：「這次將會有大功德。所謂利益他人犧牲自己，如同菩薩之故事。今天為了藏洛眾生之安樂，我的身心經受如此的艱辛。」十九日全體主僕僧眾虔誠祈禱，祈禱足蓮穩固。二十一日大師：「今天是幾月幾號？」侍從如實做了回答。「大後天晚上我愉快前往」說。隨後注視著寢帳的頂部，獻了曼荼羅並雙手合十站立。「有什麼呀」？「尊者五祖〔註57〕駕到！另外又見大咒師師徒和尊父法王〔註58〕等顯了聖」說。二十三日對大總管做了詳細的吩咐：我這次不得不來，因為普遍如此需要。又說我將步咒師的後塵。在給布魯克巴代表的信中說：我甘受艱辛前來簽訂條約，絲毫不為圖謀私利，而為了眾生的安樂方便著想，雖然我力不從心，但是要爭取達到預期的目地。隨信又賜予了靈物。此後當進行祈禱，反覆念誦「嗡松瑪」的經文時，發覺寢帳外面有種嗡嗡之聲，當時對侍從們講：「吉祥金剛大畏德，金剛橛，勝樂，喜金剛，密主和寶帳護法等如實駕到了。」二十四日當太陽即將落山時，對大總管，膳食堪布和侍寢堪布三人指示說現在你們三人完成一個心願，理應按照大總管的話共同努力。賜予了兩法的教誨和全部授記。而後準備了舍利子，先師的聖物和上層僧侶的屍骨以及從瓊波心中得到的佛珠等。隨即進一步聯想到該地區的事業已暫時圓滿，其他淨土的功業即將開始，隨著《續部寶》中講述的瑜珈臨時的回憶，進行坐第隱入法界。二十五日以後當年日過去時，明空雙運遠離戲論不著迷執，身大印瑜珈的思想等引之後，這時從頭頂肉髻裏響起一聲巨雷，隨著震顫，散落下菩提露珠，隨從光明中起立，由眾多的瑜珈母迎請到空行淨土。當時，全體侍從不知所措，束手無策。隨後大家按照大師的臨終遺言全體獻上師供，隆重地舉行了靈祭，並立即向古寺通報了情況，做了三合一的屍龕。那時雖然萬里無雲但卻下起了吉祥雨，響起了鼓樂聲，

〔註56〕夏仲阿旺朗傑，即一六一六年出走布魯克巴之阿旺朗吉。

〔註57〕尊者五祖，薩迦派有五祖之說，為薩迦派著名之喇嘛，分別為貢噶寧布（一〇九二～一一五八年），索南孜摩（一一四二～一一八二年），扎巴堅贊（一一四七～一二一六年），貢噶堅贊（一一八〇～一二五一年），八思巴羅追堅贊（一二三五～一二八〇年）。

〔註58〕尊父法王，指索朗旺曲之父欽央貢格產堅丹卓貝（一五九七～一六六〇年）。

並神奇地出現了殊勝瑜珈的路標。隨後連同祭祀靈骨寶的各種資具一齊置入
屍龕，迎請那日從帕里一道白彩霞直插古寺，當到達沼澤邊沿時，屍龕每到
一地，便有各種彩霞隨之而升。九月初一日靈骨寶安全抵達古寺。（《薩迦世
系史續編》頁二二六）。

在三十歲﹝註59﹞時進行「黑忿怒佛母」閉關，當時獲得了心愛的紫檀木
雜瑪如，脛骨號筒和禪帶等，重新恢復了先輩的薰習。當時師父仁波切命令，
每年在集體佛事時要進行兩次朵瑪回遮。而在進行放咒和增補念修的期間，
實際感覺相互交錯，由檀板變化的使者形色相同，擠得整個寢宮水泄不通。
個別人自恃有恩，因此對大師的地位產生了不滿。在進行金剛橛回遮及正式
的朵瑪回遮時，大家聽見主要朵瑪發出了巨大的爆裂聲，同時朵瑪頂端出現
了大約四指寬的裂縫。隨後不久一些渝盟的象徵便顯示了出來。

此時大護法突然親臨桑耶寺，下達一指令：一切有為法將變得無常，接
到通知了嗎？為了便於回遮，需做六十個金剛橛及朵瑪回遮長壽儀軌等。大
師言道：「不論父親和我誰有險處，這次均需精進。」在進行儀軌時努力做到
心不散逸，並從寢宮取出大量財物進行布施，又讓其餘的密宗師修習長壽儀
軌並廣泛地進行守護回遮。

六月裏父親大人﹝註60﹞為藏洛協商議出發之後，大師﹝註61﹞言道：「父親
的表現與往常不同，今年很不放心，不知是何緣故？因此要努力做敬事。」
同時對各方募化的喇嘛給予了圓滿的配合。就在進行傳承灌頂時，帕里行營
的信使抵達，告知父親大人身體欠安。隨即對所有侍從進行了布置，在各個
寺廟不分彼此布施僧茶僧粥，進行朵瑪回遮等敬事。大師又立即派人誦經祈
禱進行祈福禳災，並提出座墊圖案沒有雲彩和花朵，袛繡七寶和水果是否吉
利？如何是好？又說：「公私佛法寶，尤其是薩迦世族及我本人等可能有不
幸。」正當擔心的時候，信使再次抵達說是父親的身體已十分虛弱，危在旦
夕。大師說：「目前雖然努力做了敬事，似乎效果不大，我到郭茹益西滾波面
前去進行一下卜算。」隨後在進行酬補儀軌求神問卜時，說是父親大人已經
去了其他淨土。犀甲護法慧眼看見到處在對彼進行稱頌和供奉，但爾等福分

﹝註59﹞ 指加貝央阿旺貢噶扎西扎巴堅贊貝桑波三十歲，即藏曆第十一饒迥木牛年，
西曆一六八五年。加貝央阿旺貢噶扎西扎巴堅贊貝桑波，生卒年火猴年四月
至鐵兔年七月十九日（一六五六～一七一一年），《薩迦世系史續編》頁二三
三起有其傳記，為索朗旺曲之子。
﹝註60﹞ 父親大人，指索朗旺曲。
﹝註61﹞ 大師，指加貝央阿旺貢噶扎西扎巴堅贊貝桑波。

小，多有冒犯和差使。當傳遞惡耗的信使最後到達時，全體師徒痛不欲生，已不省人事。此時此刻大家想起了父親的恩德。爲了超度亡靈，大家思想一致，齊心協力。大師說：「在遺體寶運到之前，我寢宮的金銀茶葉和綢緞等全部用作供施。」在靈柩運到後的三個月之內，以殊勝金剛持傑仲登巴繞結爲首的僧眾以集會的形式不斷對遺體進行弔祭。每次正式做七期祭祀超度時都廣做布施，到處進行祭祀迴向和布施僧茶僧粥。十一月底遺體進行了火化。其見者獲益的靈塔，高三層，樣式別致新穎。建造的主要內外供養依處，如同前面父親大人的傳記中所記載。

這一年衛藏地區到處天花流行。大師講：「你們無需擔心害怕，天花病不會侵害於我。」犀甲護法也知道足下不會有得天花病的可能，然而爲了防止發生其他的不幸要暫時進行閉關。在此期間從傑仲登巴繞結圓滿聆聽餘下的一些師法。一度爲了光音天清淨的景致，依靠父親大人以前所賜予的若干授記，新撰寫了一篇父親本人的佛身贊協松瑪《第二佛頌最初存在的祈禱》。

大約從十二月底開始在薩迦的農村也發現了個別的天花病人。當在郭茹進行占卜時，大師眞的出現了災難。然而爲了照顧對方的情面，暫時前往切居地方，第二天在卻本阿旺卻丹和聖依怙尊益西羅布的面前圓滿地供養了供品朵瑪和聖物，云稱我們的人王朗結多吉在此之前從未到過此地，因此需要對該地做個瞭解。爲了迅速熟悉每個洞穴，說是從彼至此對所有的供養依處逐一進行介紹。隨後天天進行巡禮，一次偶而走出了切居寺的大門，徑直向前走去，當回到住地時，時間已經過去了好幾天。一天大總管問：「看什麼去了？」「從岩壁滴曲湧出一股溫泉不停地流著。」大師說「這是爲什麼哪？如同從口裏噴出的口水一般。總而言之，最好在此處豎一神幡。」如此云云。第二天大師又照例前往，僕人們也相繼而來，僕人們見大師欽用了甘泉，而後也跟著欽用。不久好像是由於晦氣之緣故，使泉水斷流，而且河床上結滿了冰。後來回想這件事時除與緣起不太吻合外，好像是父親仁波切的變化相將在江木扎西旺莫處降生，而且與此同時其餘也還有許多徵兆。例如有一天聖依怙尊益西羅布的衣襟左右敞開赤身裸體，而且在南方出現了一位懲罰裁判者。以前去噶欽圖托旺曲的轄區時，大布扎的臉扭向東方等。有人問今年我們還要到南方去嗎？正如所云幾天以後收到了今上仁波切的書信，「若能爲南方協議前去，很好」。隨後於三月吉日在西切居拉讓的達欽多古強的本尊依怙壁畫前做了酬補儀軌，並求神保祐。出現了獻的敬神哈達在畫像的右肩上停留了數月之久的現象。當月初十日返回古寺，又在附近的各個護法神殿進

行了實現願望及博學者獻敬神哈達等酬補儀軌。尤其是在犀甲護法益西羅布面前新建根本朵瑪時，見到犀甲護法身軀魁武，容顏潤澤，兩頰映輝，在武門處格外的謙恭有禮。隨後為父親法王的大現見解脫外塔之地基以吉祥喜金剛壇城破土儀軌進行加持，進行了從銀塔寶核心黃銅頂端開始的建立儀式，工匠們起初完成的很好。後來又命令香客手持鼓和牛毛幢以查欽多吉強的隊旗開創的儀軌進行圓滿祈禱。

當月的二十三日從古寺動身起程，隨後在扎西央孜下榻，在此之前當托地方的施主阿雜前來進行供養和朝見。對彼進行了摩頂，滿足其心願意。然後前往帕里，向政府和布魯克巴的代表分發了使者的文件。初九日對其餘的部份條款進行了總結。在夏木地方架設了行營，進行有益於雙方的各種活動。而政府和布魯克巴的代表慾望很大永不知足。在此逗留的閑暇時間為一些祈求者詳細講解了佛法，為許多先師分別編寫了祈禱頌。在上師天和護法神法會上，為全體眾生的安樂方便迅速成功地做潛心祈禱。在帕里塘父親仁波切善逝之聖地，先師也在此圓寂，為了眾生積福外部供養依處，吩咐在此修蓋房屋建造一座上好的大靈廟，不久便順利建成，當進行圓滿開光時，奇怪的是天空中同時升起了彩虹下起了瑞雨。對該靈廟的維修和粉刷等事項，在平時責成喀婁寺負責，為此賜予黃金四帕雪以及銀子和茶葉等，做為公積基金。

協定之內容，雙方未能接受，協商人員徒手而歸。在此之際，大師師徒以及孜東夏仲〔註62〕，赤欽等人欲往夏朗地方，而在節噶宿營時，正值天下大雨，因此向該方的土地方神靈供養了朵瑪以求保祐。更為神奇的是第二天當去夏朗之前一滴雨也未下。

布魯克巴的代表又堅持努力爭取前天的了結義約，他們又接受命令，公然請求會談時間。後來在返回宿營地時途經名為大悲岩的時候，說是此處有一寶庫。隨後由大師和喇嘛拉依阿窩結，以及雙方的全權代表，藏洛地方的堡寨總管等在大會上以益西護法作證完成了最終協約。大家紛紛議論是薩迦上師拯救一切眾生眷屬脫離苦難並將其安置於幸福之地。接著敬獻了大批供物。

兔年〔註63〕藏曆二月初三日從帕里動身踏上歸程。在行進途中和下榻期間，為所有眾生安排灌頂講經。在各個寺廟聖地發放布施並廣泛進行說法。

〔註62〕孜東夏仲，從這裡可知此次之調處，孜東拉讓亦有人參與。
〔註63〕兔年，指藏曆第十二饒迴火兔年，西曆一六八七年。

於十四日在精心地安排下抵達古寺。在各個護法神殿舉行了隆重的酬補儀軌。按照第六十階段的朵瑪回遮法，在郭茹智慧依怙的面前進行為期一周的閉關。當年年底鄂寺堪欽桑結彭措前來做大規模的奉獻，以口授政教兩種道理使其滿意。

在龍年〔註64〕期間，迎請鄂寺堪欽倫珠貝丹，彼因有眼疾請求告假。不妨再次前往迎請。後來從彼圓滿聆聽《道果會眾釋》。在此期間聽說印度的昂孜尼達那君醫生，醫術十分高明且善於開眼，遂迎請彼於慶典的適當時機請求為堪欽開眼，彼沒有拒絕，欣然同意。堪欽說：「現在年老了，雖然用眼的地方不多，但還是遵照指示開吧！」眼順利開好，沒有出現任何痛苦。隨後又圓滿地廣泛聆聽其餘的佛法，並對堪欽彼講授了若干教法。後又迎請圖登朗傑寺〔註65〕的堪欽桑波堅贊，開始聆聽《五祖文集》之教言。不久便到了法會假期，後來又繼續聆聽餘下的文集。另外先後從堪欽聆聽了無數教法，《受法錄》對此有詳細記載。（《薩迦世系史續編》頁二三七）。

一六九四年甘丹頗章與布魯克巴之衝突

《薩迦世系史續編》所載此次甘丹頗章與布魯克巴之衝突於《現代不丹》未見，時為一六九四年，文中所載之大師是為阿達參（加貝央阿旺貢噶扎西扎巴堅贊貝桑波，火猴年（一六五六年）四月～鐵兔年（一七一一年）七月十九日），起因為甘丹頗章之屬下白瑪結波投降布魯克巴所引起，最終達成協議。

在三十九歲〔註66〕時，維修拉康欽莫圍牆的北面門樓，在此放置了佛法寶全面發展的若干寶瓶。又對崩塘的貝欽溫波，桑察〔註67〕和帕日譯師〔註68〕的一些殘破的外塔，從根基開始用三合土進行了修繕。當時天大旱眾生的心情苦惱的時候，但從維修工程開始後，天接連下了大雨，出現了吉祥的徵兆。

〔註64〕龍年，指藏曆第十二饒迴土龍年，西曆一六八八年。
〔註65〕圖登朗傑寺，薩迦派一主要寺院。
〔註66〕在三十九歲，指加貝央阿旺貢噶扎西扎巴堅贊貝桑波三十九歲之時，即藏曆第十二饒迴木狗年年，西曆一六九四年。
〔註67〕桑察，即桑察索南堅贊（一一八四～一二三九年），為八思巴洛追堅贊之父。
〔註68〕帕日譯師，薩迦第一祖薩欽袞噶寧波其父袞喬結波一一○二年卒時年僅十一歲，帕日譯師仁欽扎（一○四○～一一一一年）代為主持薩迦寺，主持薩迦寺十年。

隨後對塔內的原有裝藏塗上金液，採用清淨正確的軌範儀則獻上了無數新的供品，並隆重地進行了開光。按照犀甲護法的授記，在本欽釋迦桑波金塔頂上六根柱子的灌頂殿裏新建無量光佛雕像十三尊，畫像一百十五幅，並重新擺放了許多供品。

　　如上所述，仁增德達嶺巴欽波從德協貢堆頂迎請大悲觀音菩薩。歷時七年完成了聆聽，雖然大爲幸福圓滿，但是時間已耽擱。今年按照伏藏師仁波切的來信，伏藏師本人的兄弟深明教義的夏烏法主，大譯師阿旺曲柏已送甚深妙法上門，抵達此地時受到了普遍的尊崇和供養。隨從聆聽了根本的甚深妙法和其餘的無數寧瑪派教法，而且也授予大譯師《第九淨燈》爲主的無數深法。

　　後來藏洛邊界上由於桀驁不服者的挑撥離間，拉薩的大臣白瑪結波主僕不幸投降了布魯克巴一方，並受到西藏屬下阿鎮地方的布魯克巴〔註 69〕的支持，而且噶丹頗章（藏政府）又沒有將此事放在心上，即將面臨著一場戰亂。大師發無限菩提心，爲進行調停而動身起程，並且旅途中又進行法施，未到達曲米喜郭地方之前，據說該地早已有了渝〔註 70〕盟的徵兆。後來白瑪結波不顧叔姪伯行輩之情份，大肆進行殘殺。估計可能如此。師徒一行繼續前進到達了哲姆拉山下兩座寺前，在寺廟西邊安營紮寨，當時講：「我住在此處，一些土地神顯得高興，而另一些土地神則不悅。」當時大師在行營內外每到一處便會自然地出現一道彩虹光環。大總管言道：「每天彩虹出現，好像很不放心的樣子，若和其餘的締約者一齊前往帕里不恰當吧？」「目前天氣溫暖濕潤，因此在出現彩雲時，自然不會有災難。」然而大總管發出了在住處做敬事和在其他寺廟布施僧茶僧粥的指示，又授予帕里的齋戒者大悲心之隨許和修行傳承等。但是由於邪氣日益劇增貴體出現了疾病，隨在附近的寺廟再次廣做敬事，所有僧眾堅持不斷地進行酬補儀軌和伏藏降妖，隨後又將行營遷往夏木地方。到了和布魯克巴舉行會晤的日子，隨從們前去推遲延期，說是因爲這回是首次，所以要稍微地進行一下慶祝。總管本人說得很仔細認真未露破綻，達到了預期的目的。這時大師做一夢：自己坐在一處草地上，附近有一位白髮老僧將兩塊折疊的披單展開，說道：「請坐上吧！」當坐上之後彼又很不高興。隨後前往其他地方，在途中彼又將披單展開，而後自己把腳踏

〔註 69〕此處之布魯克巴指主巴教派，非布魯克巴部落。
〔註 70〕原文作諭，今改正。

在上面，大師見後心生厭煩，正當此時走進一座白塔門內，祇見獅子寶座上秘傳道果師承佛像具足光輝，走近跟前，見周圍擺放著各種供品，於是向尊佛像請求保祐。到達崩底時，如同前面持明繼承者依次就位，於是又一一請求保祐，款・袞卻結波〔註71〕相比之下更加威嚴，彼予以加持的同時言道:「你這位具足信仰的種姓殊勝之子，目前會迅速地從病魔中解脫出來，爲宏揚佛法去饒益有情吧！」正說之際從夢中醒來，隨感到身體元氣大增而且心神安定。本昌丹培瓦也歷盡艱辛從古寺來到這裡，隨即獻上藥物，並向大總管尋問了病情。」然後說:「問題不大，在高燒期間過份用涼藥反而會出差錯。」病情明顯地日益好轉，於吉日對天神和護法神做了香柴和糌粑圓滿酬謝。

隨後邊界協議逐漸進行有效的磋商。然而在雙方尚未正式表態之前，帕里人放牧在草場上的大批牲畜被驅趕，原因是贊斯東人對此不滿，發生了爭執。帕里宗本堆壟星莫切巴對此事懷恨在心，於是隱藏了大師營盤內的個別贊斯東商人。大師在忠告之餘又急忙予以調解，但是帕里的當地居民不顧一切將十二名贊斯東人綁架到住地進行侮辱和呵斥；又怒不可遏地向護法請求誅業。未過許久壞分子們像是患了赤痢瘟疫；每個夜晚經受斷骨碎肉一般之懲罰。在瀕臨死亡時，鬼神附體，聲稱是桑耶護法。是夜叉白格雜。「我們的寶帳怙主不給住處，寶帳怙主薩迦文殊動怒了，因此不給住處」說。標誌十分明顯，有待懲治。

第一個月帕里和贊斯東雙方爲交換人馬來到絨地，在此耽擱了一個半月之久，這期間大師做一夢:父親仁波切〔註72〕手拿各色各樣的寶貝，將此交於大師。同時高興地說:「我的解說甚是圓滿，在精彩之中豎寶幢的儀軌算了最爲精彩。」

於此同時，在護法的集會上祈求神靈保祐，在眞誠發菩提心之力的感召下，布魯克巴方面讓白瑪結波叔姪屬下的四千餘人返回；西藏方面也不重複對隸屬的阿鎮地方的領土要求；西藏政府和布魯克巴雙方各自闡明自己的立場。由大師宣讀了經過改寫的判決書。一切尊卑人等都甚爲滿意。

隨後從帕里動身起程，依次前進在途中對昔日由八思巴法王修建的，現已破舊不堪的尙貢閃寺進行了維修，並委派桑巴咒師爲總管。在沿途饒益有

〔註71〕款・袞卻結波，薩迦寺之創建者，生卒年一〇三四至一一〇二年，一〇七三年建薩迦寺。

〔註72〕父親仁波切，指索朗旺曲。

情，利濟眾生。如同往日一樣在隆重的歡迎下抵達古寺。在護法的集會上爲謝恩供養等依次進行補救。此時收到了德格上師桑結貝尙主僕的大批供品，一時鄂寺堪欽桑結彭措以及居者和行者等眾多的問法者同時抵達，於是授予了《十五位無我佛母之灌頂》《各種有關護法》和《百種教導》等，長久地轉動法輪。並爲後裔迅速降臨，在郭茹寺和吉黑寺各閉關一周。（《薩迦世系史續編》頁二四五）。

一七○○～一七○六年布魯克巴佔領哲孟雄所引起之藏布衝突

此即《現代不丹》所載之一七○○年布魯克巴佔領哲孟雄，哲孟雄部長加爾恰格多爾納姆加爾（一六八八～一七一六年）逃往西藏，直至一七○六年布魯克巴撤離哲孟雄，布魯克巴佔領哲孟雄六年之久。文中所載之大師是爲阿達參（加貝央阿旺貢噶扎西扎巴堅贊貝桑波，火猴年（一六五六年）四月～鐵兔年（一七一一年）七月十九日），於一七○二年達成一協定。

在四十五歲〔註73〕時圓滿完成了大經堂頂棚上的「六十一大壇城」，「勝樂喜金剛密咒三者的上師傳承」，「別解脫傳承」，「薩迦世系」，其他佛子及護法等一系列壁畫。在此期間，適逢昔日的白瑪結波叔姪從布魯克巴動身前往拉薩向政府進行頂禮，藍時曲密喜郭等候在途中進行報仇將其殺害。處於吉定的哲孟雄〔註74〕格珠被布魯克巴佔有，因此政府派兵征伐。爲了條約大師再次動身前往帕里，對布魯克巴一方進行斡旋，然而布魯克巴第巴根屯群培〔註75〕十分傲慢，像是自甘遭殃，言道：「不需要你們這些調解喇嘛，藍色頂髻圓滿佛，直挺挺地已到達，哲孟雄已被我的軍隊所佔領，噶丹發兵到此也沒用，我已發誓不交還。」不顧情面了了數語。大師甚爲氣憤地說：「那麼今後不管哲孟雄得到什麼樣的支持，也別怪我們中證人。」堅決地起程直接返回古寺。

在四十六歲〔註76〕時，大經堂除了曬臺和北牆以外又全部地進行了翻

〔註73〕指加貝央阿旺貢噶扎西扎巴堅贊貝桑波在四十五歲時，藏曆第十二饒迴金龍年，西曆一七○○年。

〔註74〕哲孟雄，即今爲印度佔據之名錫金者，清時期爲西藏屬之一部落，疆域遠大於今日，清末爲英印侵佔。

〔註75〕布魯克巴第巴根屯群培，據時間知，其爲布魯克巴第五任第巴，《現代不丹》作卡爾比・格登・喬佩爾，一六九四至一七○二任第巴職。

〔註76〕在四十六歲，藏曆第十二饒迴金蛇年，西曆一七○一年。

修，天地莊嚴和常年供養殊勝無比，並圓滿進行了開光。又對各類監工進行了宴請並贈送大批禮物，四月裏完成了聖物丸藥成就。五月初堪欽桑結彭措取出銅金等材料，委託仿照鄂寺大經堂上的寶幢式樣爲拉康欽莫東北角做上兩個金的大寶幢，並爲這些圓滿完成了裝藏。

一度廣大的市場不能合理地行銷，因此產生了各種謠傳。政府和福田施主又準備對公私徵派新的差稅和兵役，大師對古寺本身的佛法眾生不分彼此，一視同仁，對一般祭祀的根本所依的傳統情況進行了詳細分析，沒有徵派新的兵差而是保持原來不變。當年又對仁欽崗拉讓〔註77〕的幫達圍牆進行了修繕。

四十七歲〔註78〕冬末在彭措林拉讓做了大約一個月的新伏藏大悲觀音菩薩的單獨教誨，跳神灌頂和長壽儀軌。當時內供瓶水等沒有結冰，修持憚定時達到了永恆不變，悉地之相超出了想像，爲度母佛堂做了鍍金屋脊寶瓶和寶幢，五月裏爲了藏洛協議動身起程，在穴木地方架起了營帳，政府和布魯克巴的代表會晤時彼此講了一些改善關係的話，最後各自都暫時當眾接受。經過再次慎重會談之後以判決書的形式爲最後的總結，協議圓滿完成。在通往彼岸的途中又繼續做了一件精彩的有益於佛法眾生之工作。當返回古寺之後對全體神人舉行了圓滿的酬謝宴會。(《薩迦世系史續編》頁二五二)。

一七一〇年薩迦總管之斡旋

一七一〇年甘丹頗章與布魯克巴之關係又緊張，薩迦總管斡旋之，詳情未知，而一七一四年即有拉藏汗六萬之兵征伐布魯克巴之舉。

在五十五歲〔註79〕時，鄂龍頂夏仲主僕晉獻了大批禮品請求賜予佛法甘露，於是授予彼《喜金剛道位灌頂》《守護披風》和《深道上師瑜珈》等，願望得到滿足。這年的黑白線卦象出現了狹窄之象，因而南北寺連同坦昌的持金剛的念修者進行了各種朵瑪回遮和伏魔等，並向各主要供養依處進行塗金和敬獻哈達及豐盛的供品。共同集會時念誦《救度佛母儀軌》和《般若心

〔註77〕仁欽崗拉讓，爲薩迦派四拉讓之一，爲達尼欽波桑波貝第七婦所生元國師絳陽頓月（一三一〇～一三四四年）傳出者。

〔註78〕四十七歲，藏曆第十二饒迴水馬年，西曆一七〇二年。

〔註79〕指加貝央阿旺貢噶扎西扎巴堅贊貝桑波五十五歲，藏曆第十二饒迴金虎年，西曆一七一〇年。

經》十萬遍，在向各地寺廟布施僧茶和僧粥時，大師似睡非睡，似醒非醒，在夢幻中見到增勝護法神殿的威鎮三界的面具真正出現，連連點頭三次，向侍從們講：「今後的敬事規模要比往日更大，全體屬民百姓要抓緊時間念經祈禱，現在大家的確是一呼百應。但是昨日的夢，想來也不算太壞，不必害怕，那麼如果在這月底建金剛橛回遮法和六十朵瑪的話，便會消除認識上的阻力。」按照所說如實完成，隨後又進行了一周的唐東派長壽儀軌和一周的新伏藏舞蹈灌頂長壽儀軌的閉關。閉關結束後在做百種會供那日，從孜東來了一個人，敬獻了九股和五股天生鐵二金剛杵和鐃鈸。又考慮到美滿幸福的緣起，在夏季完成了光輝燦爛的吉祥漢式宮殿的翻修鍍金工作。這時內哨布雜殿的南牆出了毛病，又建造了寬大結實的牆垛子進行支撐。

這時鄂寺堪欽次臣貝桑身感勞倦，送來了祈禱保祐的請託獻禮；用清涼寒林的黑石製作的寶帳怙主雕像，文殊智悲的觀想所依儀面畫像，《燃燒母》護法經函等，多次迎請重要三佛田的大批禮品和書信源源送來，尋問今年鄂寺堪布〔註80〕的身體應如何將養？未過許多堪欽次臣貝桑便與世長辭了。隨在鄂寺舉行了悼念儀式，大師又親自做了消除地道障礙，迴向和厭勝儀軌。而後前往卡鳥溫泉並為修繕後的切居拉讓進行開光。回到古寺後在遠近護法神殿進行了求神祈神辦事，圓滿完成法器準備和丸藥成就的酬補儀軌。

這年新奉獻的祭祀佛母的目視供品很多，特別是和現觀相同的騾馬鞍具，人頭形狀的鞍，橋，病袋，北方草墊，骰子籌碼，彩船，鱗文板，全人皮，蛇鞦韆等造形奇妙，並指示做了日月孔雀傘等。

從五月底開始為咒師後嗣加貝央長期講授大量的遺留佛法。羅窩王子向堪布請求自願出家，修法者旺曲卻喜作為使者向屬下布施了多得難以想像的資財。正當法輪時常轉動之際，彼手腳出了毛病，因此到處進行祈福禳災，當時所做敬事不可思議，得成就者唐東巴之姪子扎倉堪欽阿旺丹增彭措前來聽講教法，彼此雙方佛法傳承存在著差異，因此聆聽了《消除災難得道者長壽灌頂》之法一百來次，現今身體已康復。怙主所稱讚的本尊如意塔在裝藏時重點以喜金剛和雙身寶帳怙主及眷屬等七殊勝卷軸畫像為主，其餘有紅檀香製做的一肘寬的蓮花生八號聚匯了全部大悲心善逝諸佛，裝藏合格並圓滿為其開光，這時面對著藏洛日益加深急待調解之矛盾，大師因健康欠佳未能前去，為了協議書委託總管作為使者。大師他又在勝樂宮進行《無量佛跳神

〔註80〕原文誤作堪寺，今改正。

灌頂》的圓滿閉關。鄂寺坦哲溫波主僕來到，授予彼「金剛手大勢至鳥雜熱雅」的隨許後說：「要向我奉獻財物者現今來了吧！」未過許久從上定日方向來了一位僧人，進獻了一個稀有的天生鐵五股金剛杵。隨後說：「昨日我說的進獻的財物即此。」心中甚為高興。(《薩迦世系史續編》頁二五七)。

一七一四年拉藏汗征布魯克巴不果

此為最末一次固始汗後裔統治西藏期間甘丹頗章與布魯克巴之衝突。除《薩迦世系史續編》一書載之外，《頗羅鼐傳》一書亦載之。

《頗羅鼐傳》載拉藏汗征布魯克巴不果

南方邊境，叢林密佈。納若達巴·智成的化身，維護政教，統治這飲血金剛授記的地方。南方不丹和噶丹頗章政府的法令，宛如麗日普照。黃教門達旺寺〔註81〕，傳經弘法，高舉勝利幢，摧毀那些前來為害和攻擊佛教的人們，這些人互相怨恨，互相傷害；人人爭強好鬥，吵鬧不休；身語意三業，為惡匪淺。因為自相殘害，地方上的頭領，互相結仇，惟有訴諸武力。

拉藏汗王〔註82〕為人善良，決不妄動干戈，他致書南方君王〔註83〕，曰：

> 大富大貴的南方君王惠鑒：南方邦土，你應該掌管，應該護祐。
> 我等既無忌意，也無心相爭。然而，不應夥同挑撥者撥弄是非，小
> 事鬧大。若啟戰端，眾生塗炭，不勝苦楚，且殃及牲畜。其果報不
> 在地界，也不在風界與火界，而在我兩死後，必然墜入阿鼻地獄。

〔註81〕黃教門達旺寺，達旺地區最著名之寺院，起初為布魯克巴寧瑪派僧人烏金桑布所建之寧瑪派小寺，五世達賴喇嘛統治藏地時，遣其弟子梅慈喇嘛至其地，擴建該寺并改其為格魯派寺院，隸之於哲蚌寺，寺院之堪布亦由哲蚌寺委派，該寺並有管轄達旺地區之權，今達旺地區並達旺寺均為印度侵佔。烏金桑布者有說其為寧瑪派著名喇嘛白瑪林巴之子，亦有說其為白瑪林巴胞弟者。

〔註82〕拉藏汗王，(～一七一七年)，名拉藏魯貝，固始汗曾孫，達賴汗子，康熙三十六年父死嗣位，與第巴桑結嘉措矛盾激化，第巴桑結嘉措謀毒死被覺，擒殺第巴桑結嘉措，許第巴桑結嘉措所立六世達賴倉央嘉措為清廷迎往內地，另立伊喜嘉措為六世達賴，請冊封於清聖祖，清廷冊封之，亦封其為輔教恭順汗，此舉招致西藏喇嘛之憤恨，引準噶爾之入侵，準噶爾部策旺阿喇布坦以嫁女於其子為名遣軍六千入西藏，殺拉藏汗，據西藏，至此，自一六四二年固始汗滅藏巴汗起頗魯特和碩特蒙古於西藏之統治結束，歷時七十六年。

〔註83〕南方君王，以任職時間知，此時期為布魯克巴任第八任第巴，據《現代不丹》載為竺克·拉布吉，一七○八至一七二○年任第巴。

因此，切勿存嫉恨之心。今後，藏王桑結嘉措所訂條約，自當付諸實施，豈不善哉？如果違背而馳，我將調動浩浩蕩蕩的四軍，征服汝邦。一旦敗亡，你等休矣。

這位南方君王是個傲慢自大，桀驁不馴，愛發雷霆，粗暴乖張的人。他竟不假思索，惡言相答，曰：

蒙古汗王對我等所言，句句銘記心間，並且思之再三，自古以來，藏王對他人的美滿幸福，嫉惡如仇，因而一再出兵，攻打我們，儘量製造事端。你們不是宣稱打了一生勝仗嗎？正如蟲網在羊毛團裏，使盡氣力蠕動，用盡本領亂鑽，然而祇會累的來痛苦不堪，又何損於羊毛團？聽到你說可憐眾生，這豈不是猛鷲與惡狼的慈悲？哪怕你這蒙古汗王率軍而來，就是再請上威振世間的大梵，帝釋，大自在，六面童子和阿修羅王等等前來助戰攻打，生活在勝樂金剛授記的土地上的我們，連汗毛也不動一動。要來請便。

語句粗魯，極不中聽，猶似荊棘，刺痛心坎。這封信一路送來，交到汗王手中。看到這種言詞，汗王怒火中燒，極為激憤，氣得額上三筋直暴，伸臂挽袖，言道：

頭領們呀，聽著：邊野之王，愚昧無知，好言好語相告，卻不識抬舉，竟惡言惡語送來這樣的回信，豈可容忍！快快調動大軍，出征南方。

侍臣們忙稱遵命，並且通告屬下將士知悉。

不久，四軍整裝待發，各路將領，分派已定。拉藏汗王親率大軍攻打南方君王的西面領地帕羅；頗羅鼐台吉，額爾克大欽和甫唐巴率大軍攻打南方君王的領地布姆唐〔註84〕；巴仁台吉，神裔王，家父〔註85〕和索康・古央葛霞葛率大軍攻打南方君王的東面領地。於是，各路大軍，如龍入海，歡騰而去。

頗羅鼐台吉率軍前行，途經遼闊的霞達草地。為了察看軍隊的武藝如何，驅馬射箭，把成群的黃羊追得四散奔逃。

〔註84〕布姆唐，布魯克巴中部一古城。
〔註85〕家父，指《頗羅鼐傳》及《噶倫傳》之作者策仁旺傑之父，《噶倫傳》載名阿吉旺秋倉巴，《西藏的貴族和政府　一七二八～一九五九》載名阿旺倉巴，卒於雍正二年。

頗羅鼐台吉揚鞭猛抽，驅動坐騎柔珠江布，猶似山崩一般。在風馳電掣之中，拉滿強弓，搭上利矢，一箭射穿了黃羊。黃羊霎時倒斃。康濟鼐〔註86〕，將領甫唐巴和兵丁們，同聲稱頌，說：這是很好的吉兆。大家獻上許多長哈達。

一路行軍，逢山開路。越過門拉噶窮，在蘇魯久唐安營下寨。沒有多久，那高牆壁壘的星噶達江，集結了無數敵軍。生火造飯，炊煙蔽日。

當天下午，軍分三路。中路由康濟鼐統率，右翼爲頗羅鼐台吉統率，左翼歸甫唐巴統率。慢慢向前攻去。

守在圍牆裏的敵軍，面無懼色，連連發射強大的火炮。炮彈以暴雨一般傾瀉在前面。

康濟鼐命令道：「防備炮火傷害，各自集中到前面的小院落裏去。」

頗羅鼐台吉想到：「攻打敵人，不可畏葸不前。面對敵人，怎麼可以守住院落，相持下去呢？混戰一場，雖說最後不一定能牲利，但我們也未必就會失敗喪生，高舉勝利的軍旗，雖然不一定就能消滅對方，但是也總不能這樣呆著呀！」於是，他違背康濟鼐的命令，毫不猶豫地揮舞戰刀。青光閃閃，直奔向前。

靠近敵軍的戰牆，中間隔著一道急流，卻無橋樑。立即把矛十支十支地捆了許多捆，霎時搭成前進的便橋。頗羅鼐台吉身先士卒，順利地走了過去，後面緊跟著兩名親兵。他們不顧危險，彷彿一團滾雲，朝著殺來的敵人衝去。

敵人十分驚怕，急忙射箭擲石，摔棍撒灰。最後，像黎明前黑暗被驅散似的，敵人大都四下潰逃了。對那些抵抗的，一陣砍殺，打發掉了十個，活捉了五名。

隨後湧上大批蒙古軍隊，但是，金字使台吉高舉光榮之勝利幢的聲譽，從此傳頌四方。

被巧妙架設起來的這座橋，又加固了礅架，取名噶丹新橋，甚是出名。

康濟鼐派人前來傳令，言道「你們打得很好。現在，我當攻取朵窮橋，

〔註86〕康濟鼐，（～一七二七年）《欽定西域同文志》載，康臣鼐索特納木佳勒博，轉音爲康濟鼐索諾木札爾布，初爲阿里噶爾本，封貝子，辦理噶卜倫事，後爲阿坡特巴多爾濟佳勒博所害，按康臣鼐爲索特納木佳勒博所居室名，蓋人以地名者，漢字相沿止從轉音稱康濟鼐。後藏南木林人，拉藏汗時期任阿里總管，準噶爾蒙古侵西藏時，堅守阿里抵抗準噶爾，康熙五十九年清軍定藏，詔封貝子，任職噶布倫，雍正元年，命爲總理藏事，招阿爾布巴之嫉，雍正五年被謀殺。

消滅那裡的敵軍。速派三百名出色的炮手來此。

頗羅鼐台吉遵照命令，派去開炮能手，自己同甫唐巴慢慢前行。

康濟鼐帶著軍隊，毫無戒備，向朵窮橋走去。將近一百名敵軍，早就埋伏好了。這時，像從地裏冒出來一樣，突然衝出來攻擊。康濟鼐偕同軍隊，祇好退回。

康濟鼐是拉薩汗王所器重的一名統率，權勢煊赫。他命令頗羅鼐台吉和甫唐巴攻佔朵窮橋。兩人欣然領命。

頗羅鼐台吉率軍在前，將軍甫唐巴殿後，列陣前進。一到橋下，那些腦袋和全身都纏著紡綢的敵軍，彷彿雪山雪崩，一個個手執刀劍盾牌，標槍長矛，嘿嘿大叫，放肆衝來。頗羅鼐台吉最愛廝殺，急急迎去。後面有個兵丁，放射火銃，擊中了走在敵軍前面的那個軍官的面頰，軍官倒地死去。旁人見主將如此，再也無心戀戰，猶似雪山雪團，滾滾而下；宛如羊群被惡狼追逐，奪命而逃。頗羅鼐台吉身披堅甲，手執利劍，祇顧率軍衝去，殺死了三十個敵人。他們把奪到的糌粑麵粉豬肉燒酒青稞酒等，供自己的軍隊飽餐。

下午回營，康濟鼐滿面笑容，大擺祝捷喜宴。

翌日，頗羅鼐台吉和將軍甫唐巴率領軍隊猛攻門莫那薩。那兒有將近兩千名守軍，卻是抵擋不住。有的投河自盡；有的喪命刀下；而大多數人，則像群猴直奔林園，霎時逃之夭夭。

> 那些英勇善戰的武士，不顧死活地奮戰沙場；
> 戰神們將與彼等同在，敵人就不能加以傷害。
> 那膽小鬼卻無神庇祐，自然是身遭橫禍而亡；
> 請看那夥無望的人們，卻懵懵懂懂跳河自盡。
> 如果要捨生求死的話，作戰犧牲是最爲光榮，
> 自己斷送自己的性命，這才眞正是一個傻子。

殺得筋疲力盡的軍隊，顧不到行善作惡，全然不考慮什麼罪孽。但是，對於傳承法師白瑪林巴〔註87〕的僧寺所在地的唐噶貝，對於蓮花生大師以其神變，如踏稀泥一般將腳印留在硬岩上的古吉寺，對於該大師所插的一節手

〔註87〕 白瑪林巴（一四五〇～一五二一年），寧瑪派著名之喇嘛和掘藏人，西曆一四五〇年生於今布魯克巴布姆唐地區，其曾分別自十八個庫藏中取出伏藏，其中最著名乃布姆唐之燃燒湖等，於藏區廣有影響，第六世達賴倉央嘉措即其家族之後裔。

杖，入地生根，枝散異香的聖地及其他大大小小的聖地都派兵保護，因此沒有遭到破壞，而其他黎民百姓的木房草舍，卻被大炮轟得來煙火衝天。

軍隊漸漸推進。來到敵人那座高大堅固的加噶寨堡的附近。康濟鼐的軍隊和將軍甫唐巴的軍隊分別在加噶和竹仲薩紮營，頗羅鼐台吉的軍隊則遵命在這兩地的中間安營下寨。

攻打寨堡時，敵軍從達吉倫布寨前來奇襲，調頭作戰，寨堡的守敵又進行反攻。打了三天三夜，疲憊不堪，危急萬分。

將領們一度商議之後，甫唐巴率五百蒙古兵丁從背後進攻；頗羅鼐台吉則布軍陣前，正面迎擊。夾攻合擊，敵軍無力抵擋，四下逃跑。有的躲進山洞；有的鑽入密林，賴樹葉禦寒，靠野果充饑；有的像破網之獸，瞪圓大眼，向寨堡逃去，好似那秋風掃落葉一般。一些逃不掉的就被活捉，向殺他們的人高喊饒命。

一天，眾將領依次坐定。康濟鼐言道：

　　呵，諸位首領想想吧！我們這樣呆下去可不行，得進攻堡裏的
守敵。

大家坐著，相視無言。這時，頗羅鼐台吉言道：

　　請主帥三思。現在的戰事，已經是這樣了。憑氣力，靠武藝，
施妙計，都像是用頭撞石，沒有用處。別說寨堡是如此堅固高大，
就是攻打堅固的民房，也得傷亡。守在屋裏的人，用眼睛用手，射
箭擲石。站在外面的人，全身暴露，仰望著屋裏人的眼睛和手臂。
即使射箭，也難取勝。

在家鄉阿里都是善戰的將領們，聽了此言，細細想來，認為很對，於是言道：「不能攻打寨堡了。」

康濟鼐懇切地說道：「那麼，台吉想個辦法吧。」

以頗羅鼐之計，一連八晝夜，造好一批火炮，中有萬王炮，六腳大炮和不少孔雀霰彈炮。然後，朝寨堡和寨頂連連轟擊，把寨堡摧毀得七零八落，敵軍再想修復，已不可能。土塊飛崩，裂洞愈來愈大，寨頂開始倒塌，眼見就要完蛋。將士們都說：「現在正好攻進寨堡！」。

上下都一致贊同，將士蜂擁而上，勇猛直前。正如獸群在激流中狂奔，不易追回。

進攻寨堡的人，為了防備石頭等等打中頭盔和鎧甲，先在木架上鋪好石板，蒙上牛皮，再在上面做兩個把手，然後捉住把手將蒙好牛皮的石板頂到

頭上，向前走去，把木梯靠上寨頂。然後，對方射箭擲石，使許多兵丁傷亡。頗羅鼐台吉已經走近了寨堡，美麗的盔纓被火炮打得四散飄零。勇敢的親兵堆白熱丹和格晶，在火炮聲中被射死。

事後，棄屍遍野，屍體被成堆地扔進河裏。在軍中大做佛事，超度亡魂。

由於指揮失當，攻打寨堡，毫無進展。全軍疲憊不堪，傷亡慘重。明知事已至此，祇好高舉戰旗，往後撤軍。就在大大小小各個地方，打敗和剿殺了所有的敵軍，奪下財寶，縱火燒村。

拉藏汗從帕羅派來使者傳旨：「今暫停進攻，軍隊撤回。」

命令是在太陽偏西，時近黃昏的時候接到的，於是，立即安排撤退事宜。康濟鼐率其部屬，在當日天色未黑之前，就急急回轉。

將軍甫唐巴秉性忠厚，不願先行撤走，言道：「我當與台吉大人同行止。」然而，因為他年邁體弱，行動不便，頗羅鼐讓他跟大部隊一同撤，軍隊在半夜動身。全軍開拔後，頗羅鼐台吉才開始上路。

走到次日上午，體弱的兵丁走不動了，疲憊的兵丁隨手丟棄各自的財物。頗羅鼐台吉想到這些東西不應該給敵人拿去受用，於是又把那些值錢的財寶全都帶走。

大部隊已經走得很遠了，拖在後面的少數兵丁，帶著財物，慢慢行走。事為敵人所見，心想機會難得。兩千敵兵衝了過來，大吼大笑地喊道：

　　　西藏的壞蛋們，你們洋洋得意，跑來攻打我們，而今卻往回走，

　可不能這麼急忙逃跑呀，留下來等死吧！

頗羅鼐台吉手下祇有親兵和蒙古欽亞索十二人，另外還有掉隊的老弱兵丁六十來名。他們十分膽怯，異口同聲地說：

　　　眼下，我們人太少，抵不住那麼多的敵軍，又沒有時間搶佔一

　處險要的卡子，祇好逃命吧。

頗羅鼐台吉言道：「兵丁們聽著，我們從敵人眼皮下逃走，別說是體面人，就連狗也不如了。如果要逃，我們有駿馬可騎的人，倒是能夠脫險，然而，那麼做不是把老弱兵丁送到敵人手中去了嗎？！因此，我們寧死也不可以逃跑。」

言罷，怒火中燒，滿臉像豔麗的紅花一樣泛紅，手握長矛，用鞭子抽了三下坐騎，似雄鷹一聲高叫，勇猛地衝進兩千敵軍中。後面那六十名兵丁，也緊跟著殺了過去。正如雄獅大吼，撲向那力大無窮，數目眾多，四腿粗壯，

牙齒銳利的象群，象群嚇得四處逃散一樣，敵軍相繼跌倒，阻塞了道路，號哭著奪命而逃，急忙奔往寨堡大門。許多敢於抵抗的敵兵，刀下喪命。守在寨堡裏的兵丁，不知所措，沒有心思射箭，祇是捧起土灰亂撒。

> 手執利劍身披堅甲，一群兵丁殺聲震天；
> 軍旗旌幡飛舞空中，遮天蔽日大地昏暗。
> 一旦接戰當即死亡，正如拳頭擊向刀刃；
> 在英武的大人身後，兵丁如同流星飛奔。
> 像雄獅一樣的勇士，怒火衝天怒吼一聲，
> 那群大象似的敵人，全都嚇得心驚膽戰。
> 如在十萬毒蛇之中，聽憑大鵬為所欲為；
> 在敵軍重重的深處，無敵英雄橫衝直殺。
> 草堆壘的高如大山，火星一燃登時燒光；
> 敵人軍隊正是這樣，不難一下消滅精光。

一時，有的刀下喪生；有的心膽俱裂，活活嚇死；有的寄身密林；有的躲入山洞。大多數人呆在寨堡裏，慟哭號叫，害怕的連聲音都在發抖。雙目圓瞪，呆若木雞。

就這樣，殺退了反撲之敵，徐徐後退。過了六天，在門拉噶窮附近，趕上康濟鼐率領的軍隊。於是把割下的敵人的首級和手肢，成串地堆在康濟鼐的面前，並且如實地將如何英勇殺敵敘述了一番，雙方真是悲喜交集。康濟鼐把從噶丹頗章政府的寶庫裏拿來的潔白的長哈達，繞到頗羅鼐台吉的頸脖上，賞黃金十錢。其餘六十名兵丁，獎以錦緞。

康濟鼐同將軍甫唐巴經亞卓林，朝拉薩而去。頗羅鼐台吉回到拉藏汗那裡，在札什倫布寺有幸與班禪活佛〔註88〕和汗王相聚。他朝拜後歸座，拉藏汗笑著問道：

> 台吉來得很好。那南方地勢險惡，盡都野人，並且酷暑難熬。

〔註88〕班禪活佛，指第五世班禪羅桑耶歇（一六六三～一七三七年），清初西藏著名之政教領袖，清聖祖曾邀其進京，因故未行，其住世期間，歷經第巴桑結嘉措與拉藏汗內訌，六世達賴轉世之爭，準噶爾侵藏，清廷定藏諸事，處境艱難，然始終為清廷所尊崇，康熙五十二年清廷敕封班禪額爾德尼名號封號，賜金冊金印，康熙五十九年，清軍定藏，清聖祖命人赴扎什倫布溫諭撫慰之，邀五世班禪赴拉薩剃度七世達賴，為七世達賴之師，五世班禪送牛麵以勞清軍，乾隆二年圓寂。

你們疲不疲憊？舒不舒適？如何行軍？如何征敵？

頗羅鼐台吉跪地稟告道：「呵，託汗王的福，我們並不疲勞。那地方懸崖峭壁，路窄難行，苦於暑熱，蚊蟲爲害。但是，我等並未遭難，身裹白綢的敵軍，猶似雪山的雪團。軍旗蔽日，嘿嘿大叫，宛如千條巨龍同吼，衝了出來。卻是有的命歸黃泉；有的四下潰散；有的跳河自盡；有的當了俘虜。總之，全都打敗了，打退了，消滅了。然後，我們又向那些像雪豬一樣呆在寨堡裏的敵人進攻。他們雖然未被摧毀，但是已經嚇得不知所措，害怕得心跳不止。他們神情萎靡，因爲想到總有一天要被消滅。我們祇待汗王一聲令下，那就如同滾滾洪流，勇往直前，攻下寨堡。康濟鼐與將軍甫唐巴已回拉薩，我則前來朝見汗王。」

聽了這番戰事的敘述，汗王大喜，滿口稱讚，恩賜給頗羅鼐內地婦女的手織錦緞兩匹，言道：「這點財物，略表心意而已。回到拉薩，再多行賞賜，以慰歡心。」

不久，拉藏汗王率軍啓程，抵達拉薩。頗羅鼐台吉長期誦經供佛，供奉大力保護庇祐珠頗拉家的守舍本尊和護法諸神，贊神酬神，心生歡喜。

汗王的部下也都回到拉薩。拉藏汗王召集將士，按照他們作戰情況，欲給予獎懲。

其他將領心想；「在廝殺中，祇因氣力與武藝，各人懸殊甚大。有的值得大加稱讚；有的應該大力斥責。若照明君之見，賞罰公正，自然應當處分壞人。但是，那些壞人將懷恨在心，以後會跟我們尋釁搗亂。因此，還是置身事外爲妙。」

頗羅鼐台吉想到：「人的言行，有好有壞。有的對主子十分敬愛，文武諸事，從不偷閒。他們傾其才智，克盡厥職；有的則謊話連篇，假裝殺敵。他們與人交往時，除了虛情假義，全無一片眞心實意。對好人不獎勵，對壞人不處罰，那麼，今後再也無人尊敬汗王了。因此，要愼重其事。」於是，毫不掩飾，直耳言道：

有些人忠於主子，克盡厥職，有些人弄虛作假，極不老實。既不能文，又不能武，應受懲罰。

拉藏汗王領悟了這番正直的言談，於是表彰英勇作戰酌人，給予賞賜，對行爲不端的惡徒，加以斥責。尤其是頗羅鼐台吉和將領甫唐巴的智慧，膽量和殺敵本領，無與倫比，因此大力表彰，使他倆的名聲，傳之四方。並且

賞賜貴重衣帽，鞍轡齊備的駿馬和支差納稅的百姓。從此免去了上繳政府的常年稅賦，其諭書至今尚在。（《頗羅鼐傳》頁一二一）。

《薩迦世系史續編》載拉藏汗征布魯克巴不果

此即《現代不丹》所載之一七一四年拉藏汗之征布魯克巴無果，參與調解者為阿旺貢嘎索朗仁欽，時阿旺貢嘎索朗仁欽年甫十齡，故由總管為使者。

在十歲木馬年〔註89〕時為南寺的眾多僧伽提供了受比丘戒的順緣，由堪欽強巴貢嘎丹增如實執行。當年藏洛雙方準備簽訂十分傷腦筋的協定，派總管為使者，由於依靠祈禱空行護法神所賜予的保祐和加持，大約於十一月圓滿地簽訂了永久條約。世間一切眾生獲得了吉祥和幸福。隨後王子認定了坦途，甚是高興，突然心中充滿了感慨。貢卻森格善長布扎跳神並做了指導，當時有些人雖然未作奉獻，然而實實在在地獲得了學識。（《薩迦世系史續編》頁二七七）。

〔註89〕指阿旺貢嘎索朗仁欽，薩迦細脫拉讓之後嗣，生卒年為藏曆第十二饒迥木雞年正月初十日至金雞年（一七○五～一七四一年），《薩迦世系史續編》頁二六四起有其傳記。其十歲，即藏曆第十二饒迥木馬年，西曆一七一四年。

準噶爾擾藏期間與布魯克巴之關係

康熙五十六年，準噶爾侵藏，殺拉藏汗，至康熙五十九年始爲清軍驅逐，西藏始倂入清廷版圖，準噶爾佔據藏地四年之久，期間準噶爾并派有兵丁赴布魯克巴之舉，然此係清軍遣人往西藏探取之信息，亦隻言片語，詳情不得知也，及至清軍入藏，布魯克巴遣使前來，言及準噶爾佔據西藏期間，布魯克巴每年遣使赴藏，可知布魯克巴與西藏之聯繫並不因西藏政情之變化而中斷也，然詳情亦不得知也。

貝子拉察布差人稟告藏中消息及準噶爾被布魯克巴戰敗情況並令拉察布再派人前往偵探摺（康熙五十九年二月十二日）

奏爲探聞藏情事，二月初十日據呼呼諾爾〔註1〕貝子拉察布〔註2〕差伊護衛昂阿勒珠爾前來稟稱，在巴爾喀木〔註3〕之崇布色爾扎地方當差，今此六人內鄂岳等回來稟稱，我等於九月初八日到崇布色爾扎，十一月初四日有

〔註1〕呼呼諾爾，爲蒙語，即青海湖。

〔註2〕貝子拉察布，固始汗曾孫，康熙五十年封輔國公，五十五年晉固山貝子，五十九年清軍定藏，拉察布以己兵護七世達賴喇嘛入藏，雍正元年敘功晉多羅貝勒，旋即附羅卜藏丹津叛清，清軍進討，拉察布懼而逃往巴爾喀木，其子降清而招其父，削貝勒降輔國公，雍正三年授札薩克，雍正九年以附土爾扈特諾爾布之叛而削爵。七世達賴喇嘛父索諾木達爾扎嫁長女噶桑卓瑪於拉察布。

〔註3〕巴爾喀木，漢語稱之爲康，指甘肅，青海藏區，亦包括今西藏之昌都，四川之巴塘，里塘一帶四川藏區。

呼畢勒罕〔註4〕之父索諾木達爾扎〔註5〕的親戚第巴阿爾布巴〔註6〕由碩般多〔註7〕地方差一唐古忒人，向卓哩克圖鄂木布前告稱，近聞由藏地所來之人傳說，去年十二月間準噶爾派五百兵丁往布魯克巴部落，不知何事，半路遇布魯克巴部落派兵攔截，戰鬥良久，準噶爾五百兵內被殺者四百九十餘人，僅逃出二人到藏，馬匹牲畜皆被搶擄，又從前準噶爾之車凌端多布〔註8〕曾於喀木邊城等地均派有使者，皆令迅急迴去，現在伊所差之使者，均皆赴藏，此事屬實，爾貝子拉察布所娶係索諾木達爾扎之女，我等皆是親戚，將是喜信告爾，爾可差人稟爾貝子等語，我們卓哩克圖鄂木布，亦謂此係一極好喜信，本貝子又謂於大將軍王〔註9〕前報告所聞之事，不能不實，此消息是否十分確實，鄂岳等又稱，離由碩般多城僅有兩日路程地方，有名沙布呼者，於十一月初四日差往第巴阿爾布巴之前，初六日沙布呼回來稟稱，第巴阿爾布巴詳細告我此信甚實，迅即差人去稟爾貝子，是以本卓哩克圖鄂木布令鄂岳率領跟隨五人，於十一月初七日迅急起程等因，具稟前來，是以本貝

〔註4〕 呼畢勒罕，指第七世達賴喇嘛。

〔註5〕 索諾木達爾扎，第七世達賴喇嘛之父。

〔註6〕 第巴阿爾布巴，（～一七二八年），《欽定西域同文志》載阿坡特巴多爾濟佳勒博，轉音為阿爾布巴多爾濟扎爾布，封貝子辦噶卜倫事，後以叛誅。按阿坡特巴為多爾濟佳勒博所居室名，漢字相沿止從轉音，稱阿爾布巴。藏史一般稱噶倫阿沛，西藏工布江達人。任拉藏汗噶倫。康熙五十六年，厄魯特蒙古準噶爾軍侵擾西藏，於工布地區擁兵自衛，御準軍東侵。五十九年清軍定藏，車凌端多布遣其率藏軍至察木多抵拒，其潛赴青海迎清軍入藏，工布亦以二千軍護七世達賴入藏，受封貝子，任職噶倫，雍正元年康濟鼐受封總理藏事，忌之，雍正五年謀殺康濟鼐，遣軍赴後藏欲殺頗羅鼐，與頗羅鼐戰，及至頗羅鼐逼近拉薩，為喇嘛擒獻頗羅鼐，查郎阿率清軍入藏，殊之。

〔註7〕 碩般多，《欽定理藩部則例・西藏通制》作碩板多，為六品中等宗，今西藏洛隆縣碩督鎮。

〔註8〕 車凌端多布，即大策凌敦多布（？～一七三六年），噶爾丹弟布木之子，額魯特準噶爾部著名之將領。康熙五十四年，率軍萬人擊退俄國布赫戈利茨軍對達布遜淖爾地區之侵略。五十六年率兵六千侵踞西藏，次年總督額倫特，侍衛色楞率軍自青海入藏，為車凌端多布誘殲，全軍覆沒，康熙五十九年清軍定藏，自率軍阻擊青海路清軍，三次夜襲無功，及至噶爾弼入藏斷糧道，率殘眾遁歸，雍正九年六月於和通淖爾大敗傳爾丹清軍。

〔註9〕 大將軍王，指清聖祖第十四子允禵，清世宗同母弟，康熙末年盛傳繼皇位之子，為其兄清世宗銜恨。康熙五十六年額倫特率軍入藏全軍覆沒後，清聖祖繼命允禵總理青海四川雲南之兵籌劃進藏事宜，為清軍入藏之統帥，康熙五十九年送七世達賴喇嘛至木魯烏蘇河邊止。西藏甫平，世宗即位，即被奪權圈禁至乾隆時期始釋。

子拉察布特差我帶領鄂岳來稟告大將軍王等語，因詢問鄂岳，爾係唐古忒之人，情形如何，本大將軍前進之消息，彼處人等有無所聞，爾卓哩克圖鄂木布幾時去到崇布色爾扎地方，將汝之見聞，詳細稟告，據稱，環居崇布色爾扎地方及巴爾喀木之唐古忒人等，齊皆怨恨準噶爾人等無故廢教，圍禁喀木，藏，使唐古忒人等憂傷至極，不知何日獲見天日，聞曼珠什哩佛大皇帝之子大將軍王帶領無數大兵前來西寧，大眾議定以全力來藏，將準噶爾之賊斬盡殺絕，睹此情形，眾唐古忒人之意，皆趨向我們，至駐紮本崇布色爾扎地方當差之人，均屬三年更換，去年派卓哩克圖鄂木布前去，因前派之哈爾棟藍占巴已滿三年，現已換回，我們六人乃係隨同卓哩克圖鄂木布前去之人，此外再無見聞消息，崇布色爾扎地方貝子拉察布既派遣伊卓哩克圖鄂木布駐紮，臣即具文向貝子拉察布告知，崇布色爾扎地方距藏均不甚遠，可獲切實消息，爾貝子拉察布可派妥善數人，辦給馬匹乾糧，著急赴卓哩克圖鄂木布處，將準噶爾一切消息，妥實偵探，若得消息，速來稟覆，又給與金花緞各一疋，以昭勸勉，貝子拉察布所差由崇布色爾扎地方回來之人名鄂岳者來稟消息，臣亦賞給鄂岳緞子布疋，除咨覆外，謹此繕摺奏聞。（《撫遠大將軍允禵奏稿》頁一一一）

清廷統一西藏時之布魯克巴

清廷統一西藏之時，布魯克巴於藏地之活動文獻不多，僅就《撫遠大將軍允禵奏稿》所存之三文檔知，布魯克巴於藏地政情之變動甚爲關注，及至七世達賴喇嘛坐床，即有布魯克巴之使者於康熙五十九年十二月間來謁達賴喇嘛，後平逆將軍延信行文布魯克巴示和好之意，布魯克巴復遣使於康熙六十年正月至藏謁達賴喇嘛，清軍將領若延信，西藏首領康濟鼐等接見之。

布魯克巴遣使謁見其七世達賴喇嘛

羅布藏丹津派員來此向其詳詢藏情摺（康熙六十年三月二十七日）

奏爲詢得藏情事，青海親王羅布藏丹津〔註1〕由西藏差扎爾固齊蒙霍代達什問臣〔註2〕好，並送哈達，拉果爾，棗，氆氌，三月二十五日到，臣詢問蒙霍代達什，你爲領兵之員，必知各處情況，大兵送達賴喇嘛坐床，唐古忒土伯特人等情形何如，巴勒布〔註3〕等國曾差使臣否，準噶爾賊敗去後

〔註1〕羅布藏丹津，固始汗第十子達什巴圖爾之子，父死襲親王爵，康熙五十九年，清軍定藏，羅布藏丹津從清聖祖之旨，率其蒙古軍同護送七世達賴入藏，清聖祖命其率軍駐藏，旋返青海，久待封其爲西藏汗王而不得，心懷怨恨，雍正元年叛清，旋即爲年羹堯、岳鍾琪撲滅，逃準噶爾，乾隆二十一年清平準噶爾爲清軍俘獲，清高宗寬宥之，封其二子爲侍衛。

〔註2〕臣，指允禵。

〔註3〕巴勒布，今之尼泊爾，清初期稱其國爲巴勒布，及至其國內廓爾喀部落崛起，統一全境，遂以廓爾喀名其國。

有無情況，你幾時由藏起身，順何路而來，據稱大兵擊敗準噶爾賊時，我們協力攻擊，準噶爾賊敗去後，送達賴喇嘛至藏坐床以來，散居唐古忒土伯特人等各處歸來，仍然各自居家，極爲熱鬧，照他們唐古忒風俗，男女在街巷執手跳唱喜悅，闔唐古忒人等無論大小，皆感滿洲君主威福，送達賴喇嘛坐床，我們又復見天日，嗣後永久安生，再喀木藏衛三省人等，陸續來藏叩謁達賴喇嘛，執丹書克，我動身時，尚有不斷前來者，上年十二月二十六日，布魯克巴差六員來到，二十七日，巴勒布國亦有四使來到，皆想探問達賴喇嘛情況如何，加以核實，因此額附〔註4〕，公〔註5〕與我們王〔註6〕商議，於本年正月初二日許其進叩達賴喇嘛，使臣等見後皆讚言達賴喇嘛果實靈異，皆賞筵宴，初三日咨回，使臣之名我不知，再正月初十日聞阿里地方唐古忒傳言，近克哩業哈布齊該地方有準噶爾千餘人，看情形上年敗出之賊，被嚴寒所迫，不能行走，說在彼過冬，並非眼見之人來藏稟告，額附，公與我們王商議，差人探實，令我們齋桑固爾查布爲首率領三十人正月二十一日咨行，我們王特令我問大將軍王好，差呈哈達，棗，氆氇，我們自諾莫歡烏巴什〔註7〕順拜都渡木魯烏蘇河〔註8〕，由圖拉嘎圖從新路行走，三月二十日到家，二十一日即起身來西寧，事完竣後回去，飭向你們王兄弟及王二老福晉問好，西藏極太平，令你們住守營，咨交我等語，羅布藏丹津由藏問臣好，咨送哈達，棗，氆氇，臣皆領取，答給哈達一件，綢一疋，再扎爾固齊蒙霍代達什亦賞綢一疋外，爲此恭摺謹具奏聞。(《撫遠大將軍允禵奏稿》頁二六八)

〔註4〕額附，指阿寶，固始汗曾孫，其祖爲巴延阿布該阿玉什，其父和囉理，牧地在阿拉善而非青海，康熙四十三年尚郡主，授和碩額附，賜第京師，命御前行走，四十八年，襲札薩克多羅貝勒，遣歸游牧，康熙五十九年清軍定藏亦率軍入藏，西藏平，率軍駐藏。

〔註5〕公，指策旺諾爾布，喀爾喀蒙古人，父齊旺多爾濟，齊旺多爾濟之弟托多額爾德尼無嗣，過繼之，初授侍衛，擢內大臣，上駟院卿兼蒙古正黃旗佐領，康熙五十一年襲札薩克鎮國公，雍正二年晉固山貝子，雍正十年以老罷。康熙五十九年清軍定藏亦率軍入藏，西藏平，率軍駐藏。

〔註6〕王，指羅卜藏丹津，羅卜藏丹津爲親王爵。

〔註7〕諾莫歡烏巴什，即今日之唐古拉山。

〔註8〕木魯烏蘇河，長江源頭河流之一，今稱通天河者。

延信行文布魯克巴與布魯克巴之遣使來藏

據延信稟曉諭布魯克巴等仍舊和好往來摺（康熙六十年二月二十三日）

　　為曉諭布魯克巴等和好往來事，據平逆將軍延信〔註9〕等稟稱，延信至藏後，問周圍居住之愛曼，藏之西南布魯克巴愛曼，西邊之巴勒布，額農阿克愛曼，西北邊阿哩克喀齊愛曼人等居住，先五代達賴喇嘛時，他們仍來藏，彼此貿易，後拉藏汗征布魯克巴，繼而準噶爾賊侵藏肆虐，自那時以來，彼此停止換物，此等愛曼人等皆住藏地邊界，此次大兵進藏，擊敗肆虐之準噶爾賊，驅逐其逃回原處，達賴喇嘛坐床，復推廣所毀黃教，應曉諭闔唐古忒之民，各安居樂業，繕唐古忒文，延信鈐印曉諭，又言滿洲聖主統治天下，並不分內外，各處黎民，皆各以樂道安生，從此敬順之人乃至子孫，必施以重恩，有違旨毀教虐待眾民，必致天討，治以重罪，策旺阿拉布坦〔註10〕原為準噶爾一小台吉，與伊叔噶爾丹博碩克圖〔註11〕反目，勢弱時遵從聖化，

〔註9〕　延信，清宗室，皇太極曾孫，肅武親王豪格之孫，父猛峨多羅溫郡王，延信乃猛峨第三子，康熙五十九年清軍定藏，允禵送七世達賴至木魯烏蘇河邊止，延信被授以平逆將軍，率青海路軍入藏，護七世達賴入藏，西藏平，率師駐藏，為當時藏地清軍之首，故奏摺多以其為首者。清世宗即位初，尚用其制允禵，及允禵被囚，亦被羅織罪名擬斬，改圈禁於暢春園，雍正六年死於囚所。

〔註10〕　策旺阿拉布坦，（一六六五～一七二七年），蒙古準噶爾部首領。號額爾德尼卓里克圖琿台吉，準噶爾部原首領僧格長子，僧格為異母兄車臣台吉和卓特巴巴圖爾謀殺後，僧格同母弟噶爾丹自西藏返，為僧格復仇，繼位為準噶爾部首領，策妄阿拉布坦遂率部眾依附之，後叛離噶爾丹自立，及至噶爾丹亡，為準噶爾部之首領。拉藏汗殺桑結加措，廢六世達賴倉洋加措，策旺阿拉布坦遣使迎之，拉藏汗不允，倉洋加措為清廷迎內地而中道圓寂，策旺阿拉布坦恨，佯嫁女於拉藏汗長子噶爾丹丹忠，噶爾丹丹忠赴準噶爾迎親，策旺阿拉布坦遣策凌敦多布以軍六千護之且言將助拉藏汗征布魯克巴，及至西藏，殺拉藏汗，據藏地。

〔註11〕　噶爾丹博碩克圖，清代厄魯特蒙古準噶爾部首領，巴圖爾琿台吉第六子，早年入藏為僧，為溫薩活佛之呼畢勒罕。康熙九年其兄僧格在準噶爾內訌中被殺。次年，噶爾丹自西藏返回，擊敗政敵，奪得準噶爾部統治權。十五年，噶爾丹俘獲其叔父楚琥布烏巴什，次年擊敗和碩特部首領鄂齊爾圖汗。十八年，達賴喇嘛贈以博碩克圖汗稱號。二十七年，進攻喀爾喀蒙古土謝圖汗部，繼而進軍內蒙古烏朱穆秦地區，威逼北京。康熙帝三次親征。二十九年烏蘭布通之戰，噶爾丹敗退至科布多。三十五年昭莫多之戰，噶爾丹主力被清軍擊潰，部眾叛離。三十六年三月卒於科布多。

示以誠意，每年呈供交差，聖主仁慈，疊施恩寵，數遣使臣，但策旺阿拉布坦性極姦猾，虐害骨肉兄弟，誆帶伊妻之弟圖爾古特〔註12〕阿禹奇〔註13〕之子三濟扎布，霸佔三濟扎布之奴僕，又偷搶伊叔噶爾丹博碩克圖之兵力，無故來犯我們哈密，又派車凌端多布等兵，偷襲西藏，殺世代姻親之拉藏汗，搶其妻子，帶往準噶爾地方，毀壞西藏黃教，殺害喇嘛等，使闔土伯特民眾憂恨至深，聖主明察，扶持黃教，普救眾生，解倒懸之苦，爲慰闔藏人等之企望，將住古木布木廟〔註14〕小呼畢勒罕〔註15〕，封爲達賴喇嘛，賞給印冊，令我爲將軍，率領大兵，四十九札薩克蒙古兵，青海厄魯特兵，綠旗兵護送達賴喇嘛，賊車凌端多布等並無敬道之義，不改舊惡，反而領兵拒我們於博克河，齊暖郭特爾，楚瑪拉郭特爾三處，白日畏懼不出，夜間三次來犯我營，我率兵擊敗，殺幾百人，喪膽敗去，逃回原營，於是我親領大兵送達賴喇嘛，九月十五日，請達賴喇嘛在布達拉宮坐床，復繼黃教，以慰土伯特民眾共享太平，今將康濟鼐，第巴阿爾布巴，隆布鼐〔註16〕等人，放爲噶倫，將從逆幫準噶爾賊使眾民憂慮之第巴達克冊〔註17〕，扎什則巴，阿昭拉，多霍樂達什，杜拉爾台吉，卓哩克圖溫布人等均正法外，今闔藏人民渴望之達賴喇嘛已坐床，推廣黃教，唐古忒民眾共享太平，你們應仍照先五代達賴喇嘛時，彼此和好，遣使來往，我滿洲聖主好生之德，不分內外，一體看待，仁至之意，你們亦得永久和好，太平安度，爲此特示等語，爲此恭摺謹具奏聞。（《撫遠大將軍允禵奏稿》頁二五十）。

〔註12〕圖爾古特，今多譯土爾扈特，爲額魯特蒙古四部之一，清初徙牧伏爾加河下游，乾隆年間不堪沙俄之欺凌而返其故土新疆，引沙俄與清廷之交涉，留居於伏爾加河者爲沙俄吞併，即沙俄之卡爾梅克共和國者。

〔註13〕阿禹奇（一六四〇～一七二四年），蒙古族土爾扈特首領，也稱阿玉奇汗，是額魯特蒙古土爾扈特部遷居伏爾加河下游後的第三代首領，一六七二至一七二四年執政，雖遠在伏爾加河，仍與西藏，清廷及額魯特四部聯繫緊密。

〔註14〕古木布木廟，即今之塔爾寺，七世達賴喇嘛入藏前居於此。

〔註15〕小呼畢勒罕，指七世達賴喇嘛。

〔註16〕隆布鼐，據《西藏志》隆布鼐本藏人，昔爲噶隆，因策冷敦多布侵藏，同札爾鼐赴木魯烏蘇迎接大兵，嚮導有功，封爲公，管理西藏東北一帶地方兵馬事宜。後七世賴之父索諾木達爾扎娶隆布鼐二女爲妻，結黨阿爾布巴，札爾鼐謀殺康濟鼐，引阿爾布巴之亂，及亂平被誅。

〔註17〕第巴達克冊（？～一七二〇年），爲西藏貴族世家，準噶爾侵藏，放其爲第巴，康熙五十九年清軍定藏，避回家，清軍千總趙儒招其至清軍營，達克冊發文遣散唐古特兵，後以從準噶爾罪爲清軍誅，據清檔案載其時已七十餘歲。

布魯克巴派使來藏並諭其照常貿易據稟轉奏摺（康熙六十年四月十五日）

　　奏爲據稟轉奏事，四月十二日駐藏公策旺諾爾布等稟稱，本年正月十三日布魯克巴差使臣通默特楚克布三濟耀等到藏，噶倫康濟鼐等親自接見，問默特楚克布三濟耀等來藏情由，他們告稱，上年康濟鼐由阿哩克地方，我喇嘛阿旺杜拉固林布池，致信辦事旺布查〔註18〕，聖主爲推廣黃教，撤銷準噶爾所立僞達賴喇嘛〔註19〕坐床，以大兵之力送來達賴喇嘛，我們喇嘛阿旺杜拉固林布池，辦事旺布查得知，令我們問達賴喇嘛安，執伯勒克，又問通默特楚克布三濟耀等，你們幾時起身，走多少日，有否以前你們使臣走過地方，據稱，我們上年十二月初八日動身，自我們地方通藏之路，山險路惡，不可騎馬，步行走二十五日，以前有拉藏三次使臣行過，車凌端多布等到藏，每年一次差派使臣，今聞滿洲大君主推廣黃教，光輝遠照，專差我們來此等語，因諭使臣通默特楚克布三濟耀等，爲聖主推廣黃教，擊敗毀教賊車凌端多布等，令阿哥王爲大將軍，領無數兵將至木魯烏蘇，大將軍王一切事務辦理妥協，酌量進兵，派平逆將軍〔註20〕，定邊將軍〔註21〕二路征討，賊車凌端多布帶領厄魯特，唐古忒兵共萬人，我們由西寧派兵迎截，賊人白日不敢侵犯，

〔註18〕從上下文知之，此處譯文語意不清，應爲康濟鼐致信喇嘛阿旺杜拉固林布池，辦理事務之旺布查。因布魯克巴之政體若甘丹頗章，雖沙布隆爲部落政教之首，但以喇嘛地位之尊崇，不常經理俗事，設第巴以理政務，故有辦事之說，辦事者即指第巴也，旺布查似爲《現代不丹》所載之格西・阿旺・嘉錯，阿旺杜拉固林布池待考。

〔註19〕僞達賴喇嘛，指拉藏汗所立之六世達賴喇嘛伊喜嘉錯，其之達賴喇嘛地位亦爲清廷冊封，及至清軍定藏，發回京師廢之，詳情不知。然不爲藏人所認，今一般列達賴喇嘛世系者不列之，清代官書亦諱提之，若《欽定西域同文志》載，按阿旺伊西佳木磋爲拉藏汗所奉者十四年，殆蒼揚佳木磋之呼畢勒罕受封始送之京師，亦不入世次，爲附見於此。《欽定西域同文志》所載亦模棱之，清廷本不承認六世達賴喇嘛倉洋加措之地位，今日所稱七世達賴者爲清廷封之爲六世達賴，爲五世達賴之轉世，及至清廷統治西藏日久，封八世達賴時默認倉洋嘉措之地位。

〔註20〕平逆將軍，指延信。

〔註21〕定邊將軍，指噶爾弼（？～一七二七年）納喇氏，滿洲鑲紅旗人，父額爾德赫，爲敬謹親王尼堪長史，屢從征伐，康熙五十八年，命噶爾弼馳赴四川佐總督年羹堯治軍事，康熙五十九年清軍定藏，噶爾弼率四川路清軍入藏，至拉哩會自云南入藏兵，先延信軍入藏，封達賴喇嘛倉庫，遣兵守隘，截準噶爾糧道，擒斬策零敦多卜所署置總管喇嘛五，西藏平，延信留駐西藏，率師返內地。

夜在博克河等三處三次侵犯，皆被痛擊敗去，我們將軍大臣等，同心追殺殆盡，惟聖主好佛，有旨令賊敗勿追，我們遵旨未追，否則準噶爾賊斷無生還，將軍與我們共遵聖主之意旨，送達賴喇嘛來藏，上年九月十五日坐床，今聞唐古忒人等皆受聖主重恩，太平安逸等言，又喇嘛阿旺杜拉固林布池，辦事旺布查咨文，知你們使臣來情由，我們大國聖主統治天下，並不分內外，一概仁慈，待如赤子，各自安生，善行者勸，惡逆者懲，繼絕一切之事，以公辦理，你們掌布魯克巴之道喇嘛阿旺杜拉固林布池，辦事旺布查，聖主來兵殺滅準噶爾賊，送來達賴喇嘛，復興所毀之教，以應民意，聞此奇蹟，即差使臣，實可嘉獎，以前拉藏汗在時，你們彼此稍有不睦，所為皆知，將不介意，我們大國之道，惟以和為貴，我們承滿洲聖主之旨，領兵駐守，此後你們地方之貿易，則即遣來，我們派官員等監視貿易，衛藏之貿易，則亦令去你們地方，如此兩國互和之道，聖主聞知，必加讚獎，你們使臣來，我們必報大將軍王，奏聞聖主等言，筵宴，譯唐古忒文，來使臣酌賞綢布奇布哈達克，他們喇嘛阿旺杜拉固林布池等送我七件粗褐伯勒克領受，答給綢十疋，平逆將軍延信等傳諭布魯克巴地方之文，亦行交付通默特楚克布三濟耀等，本年正月二十八日起身等語，為此恭摺謹具奏聞。（《撫遠大將軍允禵奏稿》頁二七八）。

頗羅鼐趁亂征服布魯克巴與清廷敕封之

雍正八年至雍正十二年清廷敕封之郡王頗羅鼐乘布魯克巴內亂而征服之，納入治下，布魯克巴奉表稱臣，遣使節入貢清廷，清廷敕封布魯克巴呼畢勒罕喇嘛扎爾西里布魯克谷濟爲掌管布魯克巴黃教扎爾西里呼畢勒罕，諾顏林沁齊雷喇卜濟爲額爾德尼第巴，噶畢冬魯卜爲掌管東方噶畢東魯卜喇嘛，各給與敕印，此後每年遣使節入貢問安駐藏大臣、達賴喇嘛暨諸噶布倫即爲定例，其之呈文達賴、駐藏大臣暨噶布倫者自稱部長也。因內亂而逃離布魯克巴之民人亦安置於西藏。

據《清代西藏與布魯克巴》一書，此次布魯克巴內亂及歸附清廷之經過如下。一六五一年布魯克巴政教領袖沙布隆阿旺朗吉（一五九四～一六五一年）圓寂，布魯克巴一如藏族之傳統匿喪不發，時布魯克巴權力由嘉色活佛，嘉曹，第巴及傑堪布掌握。嘉色即阿旺朗吉之子嘉貝多傑（一六三一～一七八一年）轉世活佛之系統，阿旺朗吉圓寂，其子嘉貝多傑本應襲位，然嘉貝多傑幼患中風之症，體弱不堪重荷，故未深荷政教重任。布魯克巴嘉曹活佛世系源自丹增熱傑（一六三八～一六九六年），其父爲竹巴噶舉著名高僧之後裔才旺丹增，其母名丹曲丹增，丹曲丹增原爲阿旺朗吉之明妃，後贈與才旺丹增爲妻，生子丹增熱傑，阿旺朗吉於丹增熱傑甚器重之，待其與己子嘉貝多傑無二，阿旺朗吉在世之時即權勢日重，阿旺朗吉之政教命令皆由其發布，後亦曾任布魯克巴之第巴一職，丹增熱傑圓寂後之轉世爲赤仁波切活佛系統，其之第二三世皆夭折，第四世即米旁旺布，漢文史籍中之諾彥林親齊類

拉卜濟，亦爲布魯克巴第十任第巴。傑堪布爲阿旺朗吉所設立主管僧侶集團之教職。

　　一七〇七年第八任第巴竹·熱傑（一七〇七～一七一九年在位，藏文史籍又稱其爲旺帕覺）執政時，第二世嘉色活佛貢噶堅贊（一六八九～一七一三年）公開沙布隆阿旺朗吉圓寂之消息，一七一一年竹·熱傑尋訪認定一七〇八年出生於布魯克巴南部達噶地方的卻列南傑，即漢文史料中之楚克賴那木札爾（一七〇八～一七三六年）爲阿旺南傑的轉世，後被認爲是阿旺朗吉語之化身，意在攜天子以令諸侯。一七一三年，竹·熱傑派人毒害第二世嘉色活佛貢噶堅贊，從而引起僧侶集團不滿。爲緩和局勢，一九一九年竹·熱傑主動讓位於自己的姪子格西阿旺嘉措（一七一九～一七二九年在位），但阿旺嘉措出任第巴後，不顧竹·熱傑的反對，進行了對嘉色·貢噶堅贊轉世靈童的尋訪認定，致使叔姪反目成仇。一九二九年僧侶集團發動了針對竹·熱傑的征討行動，竹·熱傑實力不濟，向頗羅鼐求救，頗羅鼐雖然含糊地答應出兵相救，但並未出兵。竹·熱傑祗好攜卻列南傑四處逃亡，最終被俘投河溺死，卻列南傑爲諾彥林親齊類拉卜濟所獲，居於普納卡，然其之安全堪虞，故逃往竹·熱傑之卓尼噶畢東珠卜所佔據之巴竹城，新任第巴米旁旺布與竹·熱傑的卓尼噶畢東珠於一七三〇年再次發生戰爭，噶畢東珠卜一方小戰失利，便再次向頗羅鼐求救，駐藏大臣與頗羅鼐趁機遣藏軍入布魯克巴，擊敗諾彥林親齊類拉卜濟，諾彥林親齊類拉卜濟及噶畢東珠卜分別遣使求和，幾經周折，布魯克巴兩派分別遣使赴京投誠，清廷分別敕封官職，布魯克巴遂爲清廷統一之，建立清廷於布魯克巴之統治，至此自阿旺朗吉統一布魯克巴後與西藏多年之衝突止而代之以統一也。

布魯克巴內亂與頗羅鼐統一之

一、西藏辦事大臣馬喇等奏報派兵帕爾城設防摺（雍正八年九月十二日）

　　奴才馬喇〔註1〕等謹奏，爲奏聞事。

〔註1〕馬喇（一六七三～一七三五年）富察氏，滿洲正黃旗人，貝和諾子，濟席哈曾孫，襲管佐領，兼護軍參領，累擢正紅旗滿洲副都統。雍正五年，西藏阿爾布巴等與貝子康濟鼐不睦，命馬喇往駐西藏。既，阿爾布巴戕害康濟鼐，後藏頗羅鼐率兵報仇，執阿爾布巴等。遣尚書查郎阿等讞其罪，磔之。詔頗

　　將貝子頗羅鼐給奴才之文譯後看得，小國布嚕克巴與我招地〔註2〕相距十日路程之帕爾城〔註3〕接壤，其諾顏王帕柱〔註4〕被殺，該王帕柱屬下近五百弟子，於本年七月行文卑賤頗羅鼐我，去歲喇嘛等率兵進犯虐殺我諾顏王帕柱，本年因不准我等留居我本地，我等賤民欲投誠聖主，懇乞派兵相救，等語。頗羅鼐竊思，聖主討伐準噶爾一事尚未了結，承蒙聖主威福，我等土伯特地方雖無戰事，然準噶爾甚是狡詐，係一不可輕信之輩，我等之備兵不可往援布嚕克巴之諾顏王帕柱之屬民，今布嚕克巴兩盟之人相互交戰，其中何方失敗，俱將逃往我帕爾城，追擊兵丁必追至我帕爾城，我江孜城距帕爾城五日路程，相距甚近。今江孜城內所備一千兵丁，遣往帕爾城，暫駐守我邊界。再將派出我頗羅鼐屬下兩人，班禪額爾德尼〔註5〕之一人，薩察喇嘛〔註6〕之一人，會同嘎爾瑪巴兩喇嘛〔註7〕為使臣，前去布嚕克巴部之人，俟伊等返回後，詳加詢問報知大臣等奏聞，為說和布嚕克巴部人而派人一事，懇乞大臣等奏聞聖主。等語，奴才等會商後，其江孜城既然與帕爾城相距甚近，將貝子頗羅鼐於江孜城所備一千兵丁，派駐帕爾城防守邊界，即請派人說和布嚕克巴部之人，照此已派人赴布嚕克巴部說和，俟伊等返回之時，經詳加詢問，再謹具奏聞。為此，將貝子頗羅鼐所呈蒙文文書一並謹具奏聞。

　　副都統臣馬喇。

　　內閣學士臣僧格〔註8〕。

　　護軍統領臣邁祿〔註9〕。

　　　羅鼐總管前後藏事，移達賴喇嘛於里塘。七年，命馬喇駐里塘守護，賜帑金二千，總藏事。擢護軍統領。還京，遷工部尚書，坐免。十一年，復以副都統銜往西藏辦事。卒於官。

〔註2〕招地，指拉薩。

〔註3〕帕爾城，即帕克里。

〔註4〕諾顏王帕柱，布魯克巴第八任第巴，即《現代不丹》一書載之竺克·拉布吉，康熙四十七年至五十九年在位。

〔註5〕班禪額爾德尼，指第五世班禪額爾德尼羅桑耶歇。

〔註6〕薩察，清代檔案多作薩迦，薩察為薩迦之異譯，具體為那位喇嘛待考。

〔註7〕嘎爾瑪巴兩喇嘛，當為噶瑪噶舉派之黑帽與紅帽兩活佛，此二活佛為噶舉派最大之二喇嘛，以時間推算，黑帽活佛當為第十二世活佛，《番僧源流考》載其名江楚布多爾濟，在喀木溫堆覺坡地方出世，年至三十歲圓寂。紅帽活佛為第八世。

〔註8〕僧格，巴林氏，蒙古鑲紅旗人，內閣學士，雍正五年至十一年總理西藏事務。

〔註9〕邁祿，正藍旗滿洲副都統，雍正五年至十一年駐藏辦事，雍正五年阿爾布巴之亂，邁祿隨左都御史查朗阿入藏，事畢，同周瑛總統留藏駐守之官兵，雍

總兵官臣鮑金忠〔註10〕。（《雍正朝滿文硃批奏摺全譯》頁一九九二）。

二、副都統馬喇等爲報布魯克巴諾彥林親齊類拉卜濟等遣使呈書進獻方物事奏摺（雍正八年十二月二十九日）

奴才馬喇等謹奏，爲奏聞事。

雍正八年十二月初三日，貝子頗羅鼐帶領布魯克巴之呼畢勒罕喇嘛扎色里布魯克古濟〔註11〕及諾彥林親齊類拉卜濟〔註12〕送駐招地之胞叔車淩旺津喇嘛，使臣剛定喇嘛等前來呈獻唐古特文書。該書經粗譯得，布魯克巴之呼畢勒罕喇嘛扎色里布魯克古濟，諾彥林親齊類拉卜濟敬呈東方大國之諸大臣，貝子，我布魯克巴四部人眾原曾尊奉納魯巴呼畢勒罕阿旺那木扎勒〔註13〕。該呼畢勒罕喇嘛圓寂轉世後，諾彥旺帕柱率扎藏〔註14〕之喇嘛等將其〔註15〕迎請入廟坐床。其後又出一呼畢勒罕喇嘛，我諾彥旺帕柱稱伊非眞呼畢勒罕喇嘛，遣人殺害之。此被害之呼畢勒罕喇嘛又於我母親體內降生，扎藏之喇嘛等得知後，會商隱瞞，供養十五年之久。去年，諾彥旺帕柱聞信，又派人欲加戕害，扎藏之喇嘛等將旺帕柱所遣之人執而殺之，隨即向

正十一年離藏返京。
〔註10〕鮑金忠，《西藏志》作包進忠（～一七三二年）今青海西寧人，少年從軍，以智勇之才任湖廣九溪副將，雍正七年七月，晉升爲西寧鎮總兵官，旋即奉旨進藏以替換被劾回京就訊之周瑛，雍正九年卒於藏中。
〔註11〕布魯克巴之呼畢勒罕喇嘛扎色里布魯克古濟（一七一七～一七三五年），爲諾彥林親齊類拉卜濟之胞弟，阿旺朗吉之子嘉貝多吉轉世嘉色貢噶堅贊之轉世，若以嘉貝多吉爲第一世嘉色活佛，則扎色里布魯克古濟爲第三世嘉色活佛，《清代西藏與布魯克巴》作久美諾布。
〔註12〕諾彥林親齊類拉卜濟，即《現代不丹》一書載之布魯克巴第十任第巴仁波齊·米帕姆·旺布，一七二九至一七三七年在位。《不丹王統世系明燈》載其人一七〇九年出生在不丹芒德地方，七歲時由卻列南傑剃度並賜名阿旺丹增竹傑，十四歲時，經師阿旺倫珠又賜名阿旺丹增米旁旺波，後西藏噶瑪噶舉派第十二世黑帽活佛和第八世紅帽活佛又爲其賜名仁欽陳列熱傑，漢文史書中多取後者，音譯爲林親齊類拉卜濟，名前常加諾彥，意爲王，亦爲第四世赤仁波切活佛。
〔註13〕納魯巴呼畢勒罕阿旺那木扎勒，即西曆一六一六年流亡布魯克巴而統一其部之阿旺朗吉。
〔註14〕譯者注，扎藏，原指藏傳佛教寺院內依地域或學行內容劃分的僧院。但此處之扎藏特指一六二〇年由當時不丹的政教領袖夏仲阿旺南傑組建的類似國家寺院的僧侶集團。清代檔案多作扎倉。
〔註15〕此處補將其二字。

我諾彥旺帕柱宣戰，旺帕柱兵敗，爲喇嘛等所殺。扎藏之喇嘛等遂共同會議，扶我胞弟扎色里布魯克古濟呼畢勒罕喇嘛坐床，推我爲布魯克巴之諾彥。諾彥旺帕柱尊奉之呼畢勒罕喇嘛楚克賴那木扎勒〔註16〕屬下爲首辦事之噶畢東羅布喇嘛〔註17〕被扎藏之喇嘛等執拿，欲以殺之。其時，呼畢勒罕喇嘛扎色里布魯克古濟，諾彥林親齊類拉卜濟我等二人懇請諸喇嘛免其一死。然而噶畢東羅布悖恩反叛，我聞後派兵欲以擒拿，噶畢東羅布隨即獻首歸順大國之貝子頗羅鼐。貝子頗羅鼐爲卑我雙方和解，遣使前來，我誤以爲發兵前來征伐我等，遂出兵相戰。後頗羅鼐又致書於我，申明宣諭，我閱後當即罷兵，向使臣等謝罪，率我布魯克巴四部二萬餘戶人眾歸服東方大國。並與前來解和之使臣共同協商，照約定鄙林親齊類拉卜濟送胞叔車淩旺津喇嘛駐招。遣剛定喇嘛爲使前往大臣，貝子處，以我布魯克巴之呼畢勒罕喇嘛扎色里布魯克古濟，諾彥林親齊類拉卜濟二人歸服東方大國之禮，恭請東方文殊師利大汗萬安，謝恩敬獻方物。懇請轉奏東方文殊師利大汗，以期於鄙二微末布魯克巴得與眾生一視同仁，永不遺棄爲鑒。嗣後，我布魯克巴等期以仰賴東方文殊師利大汗威福，永享太平。並擬於每年八月向達賴喇嘛遣使問安進貢。此外，且蒙何旨示下，我將遵奉而行。等情。

再，車淩旺津喇嘛，剛定喇嘛獻上布魯克巴之呼畢勒罕喇嘛扎色里布魯克古濟及諾彥林親齊類拉卜濟二人進貢皇上之物，福哈達二，孔雀扇一對，盛滿白米之銀碗五，銀納黏〔註18〕一對，銀錢五十，花緞四，紅花氈一，黃紅拉達（lada），紅白布各一，漆藤牌一，腰刀一，象牙一對。恭設香案，望闕行三跪九叩禮。並言祈請大臣等將我布魯克巴之呼畢勒罕喇嘛，諾彥二人向東方文殊師利大汗進獻方物，恭請仁訓之處轉奏。等語。

據此，奴才等謹將布魯克巴之呼畢勒罕喇嘛扎色里布魯克古濟，諾彥林親齊類拉卜濟謝罪恭請訓旨之唐古特文書一件及派遣車淩旺津喇嘛，剛定喇嘛謝恩所進方物敬謹開列，一併奏聞。

副都統臣馬喇。

〔註16〕呼畢勒罕喇嘛楚克賴那木扎勒（一七〇八～一七三六年），一七一一年爲諾顏旺帕柱所認定之阿旺朗吉之轉世，後認爲其爲阿旺朗吉語之轉世，《清代西藏與布魯克巴》作卻列南傑。

〔註17〕噶畢東羅布喇嘛，爲諾顏旺帕柱之卓尼爾。

〔註18〕銀納黏，譯者注，納黏者，耳飾。

內閣學士臣僧額〔註19〕。

護軍統領臣邁祿。

總兵官臣包進忠〔註20〕。

三、副都統馬喇等為報布魯克巴之噶畢東羅布親來呈書進獻方物事奏摺（雍正八年十二月二十九日）

奴才馬喇等謹奏，為奏聞事。

雍正八年十二月十八日，貝子頗羅鼐帶領布魯克巴之噶畢東羅布喇嘛前來呈獻唐古特文書。該書經粗譯得，布魯克巴之噶畢東羅布敬呈東方之（原檔墨蹟覆蓋——譯者）諸大臣，貝子。我等之旺帕柱諾彥於布魯克巴四部人眾曾有大恩，扎藏之喇嘛等反叛將其戕害，將真正之納魯巴呼畢勒罕囚禁，妄扶另一喇嘛坐床。鄙噶畢東羅布自祖父始，世為噶畢部主，統領我噶畢部眾，乃因兵禍，獻首歸順於土伯特貝子。土伯特貝子出手相助，遣兵征伐布魯克巴之五大城，俾我布魯克巴之喇嘛，諾彥咸俱歸服，雙方和解，劃分各城人眾，誓以嗣後毋再交惡。今噶畢東羅布我惟遵土伯特貝子指教，恭請訓旨，以期鄙噶畢東羅布仰賴大皇帝之恩，永不為棄。

進獻大皇帝之禮品福哈達一，珊瑚素珠一串，盛滿米之銀碗五，孔雀扇一，銀納黏一對，紅哈薩克氆氌一，綠哈薩克氆氌一，花絨毯一，白布一，紅布一，漆藤牌二，腰刀一，象牙一對，虎皮一，豹皮二。謹恭設香案，望闕行三跪九叩禮。所有噶畢東羅布向文殊師利大皇帝進獻方物，恭請仁訓之處，懇請大臣等轉奏。等語。

據此，奴才等謹將布魯克巴之噶畢東羅布呈請訓旨之唐古特文書一件及開列謝恩所進方物，一併奏聞。

副都統臣馬喇。

內閣學士臣僧額。

護軍統領臣邁祿。

總兵官臣包進忠。

〔註19〕僧額，即僧格之異譯。

〔註20〕包進忠，見注釋一〇。

四、副都統馬喇等爲轉奏貝子頗羅鼐奏書及所獻布魯克巴輿圖事奏摺（雍正八年十二月二十九日）

奴才馬喇等謹奏，爲奏聞事。

固山貝子頗羅鼐呈進蒙古文奏書一件，布魯克巴輿圖一張，祈請轉奏東方文殊師利大皇帝。該奏書經粗譯得，微末頗羅鼐焚香合掌，跪俯百叩謹奏，爲向東方文殊師利大皇帝請恩柔遠事。布魯克巴部落距招十日之程，與我邊界之帕爾，綽諾〔註21〕二城接界。夫與該部人爲敵已有九十年矣。昔日顧實汗，達賴汗，第巴皆曾數次大兵征伐，未能克下。後拉藏汗率兵六萬，分三路往征，其時我曾隨往。我等至布魯克巴地方看得，該處瘴氣甚屬，多夏雨水不絕，除產糧果外，不產他物。山勢險峻，行路或穿行於密林之中，或循山腰小徑。往征布魯克巴部眾，並非奴之及收取貢賦，惟期邊境無事，然而屢征不下。本年布魯克巴扎藏之喇嘛等將其諾彥旺帕柱戕殺，由此其內反目，相互仇殺。布魯克巴諾彥旺帕柱屬下之噶畢東羅布喇嘛率五百戶人眾請求歸服東方大國，並致書於我，懇請出兵相助，爲其諾彥旺帕柱報仇。頗羅鼐我遂稟報大臣等，又以丹津諾彥布隆贊爲使，帶隨兵二百與班禪額爾德尼喇嘛，薩察喇嘛各遣之使及噶爾瑪巴喇嘛，沙納巴喇嘛〔註22〕等一同前往布魯克巴調解。我使臣等至達其林親布木城〔註23〕後，當即致書布魯克巴之諾彥林親齊類拉卜濟，申明前來爲其和解情由，林親齊類拉卜濟反出兵攻打之。我之使臣丹津諾彥布隆贊遂送書與我，請調帕爾城備兵，頗羅鼐我當即致書布魯克巴之諾彥林親齊類拉卜濟曰爾若聽從我東方大國之調解，則爾之布魯克巴部人將世代得承大國恩澤，福綿子孫，嗣後永享太平。倘不從議和，頗羅鼐我將稟報東方大國駐招大臣，率大軍前往爾處，彼時爾將追悔莫及矣。等語。具文宣諭東方大國之恩威，飭交領兵駐紮邊界帕爾城之戴琫〔註24〕羅卜藏達爾扎送往。戴琫〔註25〕羅卜藏達爾扎等領兵一路攻至布魯克巴諾彥林親齊類拉卜濟所駐札西垂宗城〔註26〕，將此書交伊屬之人遞入。林親齊類拉卜

〔註21〕譯者注爲今日之西藏亞東縣，似爲今西藏之錯那縣。
〔註22〕噶爾瑪巴喇嘛，沙納巴喇嘛，見注釋七，噶爾瑪巴喇嘛爲黑帽佛之譯稱，沙納巴喇嘛爲紅帽活佛之譯稱，清代檔案文書多作沙瑪爾巴。
〔註23〕林親布木城，譯者注，即之帕羅。
〔註24〕譯文漏一琫字，今補之。
〔註25〕譯文漏一琫字，今補之。
〔註26〕扎西垂宗城，即扎西曲宗。

濟閱後，隨即恭順歸誠，並送伊胞叔車淩旺津喇嘛駐於招地，以剛定喇嘛爲使，恭請東方文殊師利大汗萬安，謝恩進獻方物及懇請大皇帝仁訓。噶畢東羅布喇嘛則以荷蒙東方大國天地高厚之恩親來謝恩請訓。竊惟自顧實汗至拉藏汗九十年，屢次大兵往征布魯克巴不下，此次以二千三百名兵丁前往，須臾之間輕取成功，咸俱順利歸附，可見此非人力所及，顯係東方文殊師利大皇帝天威福祐所成就者也。是以，頗羅鼐我除將布魯克巴地方山川敬繪輿圖一張恭呈奏覽外，所有布魯克巴人等奏請仁訓一事，俟降旨後遵奉施行。爲此謹奏請旨。再布魯克巴諾彥林親齊類拉卜濟，噶畢東羅布喇嘛等所呈唐古特文書二件，請予轉奏大皇帝。等情。據此，除將布魯克巴諾彥林親齊類拉卜濟，噶畢東羅布喇嘛等所呈唐古特文書二件粗略翻譯，另行繕摺具奏外，謹將貝子頗羅鼐所呈布魯克巴輿圖一張及蒙文原書一件一併奏覽。

　　副都統臣馬喇。

　　內閣學士臣僧額。

　　護軍統領臣邁祿。

　　總兵官臣包進忠。

五、副都統馬喇等爲議覆布魯克巴停戰和解情形事奏摺（雍正八年十二月二十九日）

　　奴才馬喇等謹奏，爲請旨事。

　　奴才等前曾奏稱，貝子頗羅鼐呈送我等一書，經粗譯看得，布魯克巴部乃一區區小國，距招十日之程，與帕爾城交界。該部之諾彥旺帕柱屬下五百奴僕，於本年七月致書鄙頗羅鼐內稱，去年喇嘛等領兵將我諾彥旺帕柱戕殺，今年俱不准我等居於原地，小的我等獻首懇請歸附東方大皇帝，並請出兵相助。等語。夫江孜城與帕爾城五日程之隔，相距甚近，現擬將江孜城所備一千兵丁調往帕爾城暫駐，以爲邊境之防範。又頗羅鼐我遣屬下賢能之人二名，與班禪額爾德尼所差一人，薩察喇嘛所差一人及噶爾瑪巴，沙納巴倆喇嘛一道爲使前往說服和解，俟其返回問明，稟告大臣後，再恭奏以聞。等情。等因具奏前去。本年十二月十六日，貝子頗羅鼐前來告稱，所遣丹津諾彥布隆贊等調和布魯克巴人和解事畢，攜布魯克巴諾彥林親齊類拉卜濟之胞叔車淩旺津喇嘛，剛定喇嘛及噶畢東羅布喇嘛等前來。等語。奴才等當即詢問丹津

諾彥布隆贊曰，爾與班禪額爾德尼喇嘛之使等前往調和布魯克巴部眾一事，乃如何了結耶。據告稱，我等抵達布魯克巴地方，會見了意欲歸附於我之布魯克巴諾彥旺帕柱之奴僕及噶畢東羅布喇嘛。噶畢東羅布喇嘛將我等帶入其林親布木城安置。我等遂致書布魯克巴諾彥林親齊類拉卜濟諭曰，爾等內部反目，彼此仇殺，班禪額爾德尼，薩察喇嘛，噶爾瑪巴喇嘛，沙納巴喇嘛，貝子頗羅鼐聞知，派我等前來說和，爾若願令我等為爾雙方調和，則派一賢明之人至我處，我等將說服爾之雙方和好如初。等語。送交前去。然布魯克巴之諾彥林親齊類拉卜濟厲言相覆，且又派大軍圍攻我等所在之林親布木城。無奈之下，布隆贊我遂調距林親布木城三日程之我帕爾城馬兵三百，步兵八百，另從江孜城調取馬兵一千，將圍攻林親布木城之兵擊退矣。隨即布隆贊我會同該領兵前來之戴琫〔註27〕羅卜藏達爾扎，巴雜鼐，戴琫〔註28〕章魯扎木巴，達彥台吉，達魯噶〔註29〕達邁敦多卜，齋桑羅卜藏濟木巴等，向布魯克巴人興師問罪，攻克布魯克巴之林親布木，布魯克雜，嶺昔，噶爾薩，達宮額五大城及近二十座小城，直抵布魯克巴諾彥所駐之扎西垂宗城下。城中出兵五千與我交戰，敗退而回。我等將貝子頗羅鼐致布魯克巴諾彥林親齊類拉卜濟之書交其屬下轉遞，伊等送交林親齊類拉卜濟閱後語曰，其兵雖少，但甚威武，個個驍勇，我等之兵全非對手，故早日投誠為善。倘再對抗而戰，貝子頗羅鼐稟告駐招大臣，率東方大國大軍前來，彼時我等將無處可逃。等語。布魯克巴諾彥林親齊類拉卜濟聞後大驚，當即遣派喇嘛來軍營稟告我等曰，貝子頗羅鼐，班禪額爾德尼喇嘛等好意遣使前來，為我布魯克巴雙方解和，我誤以為是來征剿我等之兵，故出兵與爾國兵相戰。乃因貝子頗羅鼐致書申明宣諭，我方知其錯甚矣，祈請喇嘛使臣等寬恕之。茲率我布魯克巴四部人眾歸附統馭天下之東方大國，以仰賴東方文殊師利大汗威福，永享太平。並擬於每年八月遣使向達賴喇嘛問安，進獻禮品。爾等所克之五大城及近二十座小城之六千戶人眾，盡歸噶畢東羅布統轄。民人應納之賦，由噶畢東羅布收取，照舊交給各廟。嗣後我與噶畢東羅布停止兵戈，各據一方。今夫我將送我胞叔車淩旺津前往貝子處，令其駐於招地，以為人質。此乃於前來調解使臣面前布魯克巴之呼畢勒罕喇嘛扎色里布魯克古濟，諾彥林親齊類拉卜

〔註27〕譯文漏一琫字，今補之。
〔註28〕譯文漏一琫字，今補之。
〔註29〕達魯噶，似即達魯花赤。

濟，車淩旺津喇嘛，噶畢東羅布喇嘛我等共同議定盟誓之情，我等之內倘有何人毀約反叛，心生惡意，再起兵戈，即照眾人大威佛前誓言，聽憑佛之懲處。我另派剛定喇嘛前往大臣，貝子處，向東方文殊師利大汗請安，進獻方物，叩請仁訓，以期我微末布魯克巴得與眾生一視同仁，永不爲棄。且於剛定喇嘛有何指訓，我將遵奉以行。等語。而後，即令伊胞叔車淩旺津喇嘛及剛定喇嘛隨我等一道前來矣。等情。

奴才等與貝子頗羅鼐會議得，茲因貝子頗羅鼐致書布魯克巴諾彥林親齊類拉卜濟，宣諭東方大國恩威，布魯克巴之呼畢勒罕喇嘛扎色里布魯克古濟，諾彥林親齊類拉卜濟閱後立即停戰，恭順謝罪，歸服大國，聽從我等使臣調解。承諾與噶畢東羅布彼此停戰，安好如初。且我所攻取之五大城六千戶人眾俱歸噶畢東羅布統轄。民人貢賦由噶畢東羅布收取，照舊交各扎藏之喇嘛。並送其胞叔車淩旺津駐於招地，遣剛定喇嘛恭請東方文殊師利大汗萬安，進獻方物，叩請訓旨。擬於每年八月遣使向達賴喇嘛問安，進獻禮品。噶畢東羅布喇嘛亦以荷蒙東方文殊師利大汗天地厚恩，特爲親來謝恩，進獻方物，祈望嗣後仰賴文殊師利大汗威福，永享太平。並稱每年伊將親自抑或遣人向達賴喇嘛問安，進獻禮品。特請訓示，以爲遵行。等語。據此，宜照布魯克巴之呼畢勒罕喇嘛扎色里布魯克古濟，諾彥林親齊類拉卜濟，車淩旺津喇嘛及噶畢東羅布喇嘛於我使臣面前議定盟誓之處，准予布魯克巴諾彥林親齊類拉卜濟胞叔駐於招地，並於每年八月遣使向達賴喇嘛問安獻禮。其與噶畢東羅布彼此停戰，安好如初，我所攻取之五大城統歸噶畢東羅布管轄之處俱毋庸議。嗣後，布魯克巴人有願來招地朝拜抑或貿易者，俱准前來，概不禁止。至布魯克巴之呼畢勒罕喇嘛扎色里布魯克古濟，諾彥林親齊類拉卜濟及噶畢東羅布喇嘛恭請訓旨一事，俟命下之日，奴才等欽遵傳諭伊等知之。除將頗羅鼐所呈遣派進征布魯克巴之戴琫〔註30〕，第巴，達魯噶等之銜名，兵丁數目一書另報理藩院外。爲此，謹奏請旨。

　　副都統臣馬喇。
　　內閣學士臣僧額。
　　護軍統領臣邁祿。
　　總兵官臣包進忠。

〔註30〕譯文漏一琫字，今補之。

六、大學士瑪律賽等為議覆布魯克巴歸服事宜事奏摺（雍正九年二月十六日）

大學士公臣瑪律賽〔註31〕等謹奏，為請旨事。

雍正九年二月初七日，護軍統領馬喇等奏，據貝子頗羅鼐咨開，去年布魯克巴扎藏之喇嘛等將其諾彥旺帕柱戕害，由此相互仇殺。帕柱所屬之噶畢東羅布喇嘛率五百戶眾來請歸附，並致書於我，請求出兵相助。頗羅鼐我遂遣丹津諾彥布隆贊為使，帶隨兵二百，與班禪額爾德尼之使，薩察喇嘛之使等一同前往布魯克巴調解。茲布魯克巴之諾彥林親齊類拉卜濟恭順歸服，將其胞叔車淩旺津喇嘛送駐招地，遣使恭請大皇帝萬安，進獻方物。噶畢東羅布亦以荷蒙東方大國天地厚恩親來謝恩。竊惟自顧實汗始及至拉藏汗九十年，屢次大兵征伐不下，此次二千餘兵前往，須臾之間輕取成功，咸俱順利歸附，可見此非人力所及，顯係東方文殊師利大皇帝天威福祐所成就者也。祈將頗羅鼐我所呈布魯克巴輿圖一併轉奏。等情前來。等語。又據奏稱，據布魯克巴之呼畢勒罕喇嘛扎色里布魯克古濟，諾彥林親齊類拉卜濟呈開，噶畢東羅布及我等彼此仇殺，貝子頗羅鼐遣使解和，我誤以為前來征討，故而出戰。後因頗羅鼐致書宣諭，我等方知錯矣，遂率我布魯克巴四部二萬餘戶歸附，將我胞叔車淩旺津喇嘛送駐招地，遣剛定喇嘛為使前往大臣，貝子處，以歸附之禮恭請東方文殊師利大汗萬安，懇請仰賴文殊師利大汗威福永享安樂，並擬於每年八月向達賴喇嘛遣使問安，進獻禮品。此後〔註32〕蒙何旨示下，我將欽遵以行。等情。將貢品一併開列呈送前來。等語。又據奏稱，據噶畢東羅布等呈開，貝子頗羅鼐派兵相助，攻克布魯克巴五大城，俾布魯克巴喇嘛，諾彥咸俱歸服，我等雙方和解。茲特請訓旨，以期仰賴聖主之恩，永不為棄。等情。開列所進方物，一併呈送前來。等語。又據奏稱，歸服之布魯克巴送駐招地之車淩旺津喇嘛，遣使剛定喇嘛及噶畢東羅布喇嘛於十二月十六日到達招地，向皇上行禮。其饋贈奴才我等之禮物，已均勻分給副將及至把總訖。奴才等動用同知楊世祿〔註33〕所存銀兩宴請伊等。其返回時，擬酌量賞賜，將所用銀兩數目咨行巡撫憲德〔註34〕核銷。奴才等與貝子頗羅

〔註31〕瑪律賽，據《清代職官年表》應為馬爾賽，瑪律賽當為異譯，另有瑪爾賽者，
　　　　康熙八年已病歿，非此人也。
〔註32〕譯文漏一「後」字，今補之。
〔註33〕楊世祿，此人於頗羅鼐統一布魯克巴之時屢提及之，譯名多異，履歷待考。
〔註34〕憲德，蒙古正白旗人，姓西嚕特，祖明安達理，官至吏部尚書，父花善，官

鼐會議得，宜照伊等議定盟誓之情，所有布魯克巴諾彥林親齊類拉卜濟胞叔車凌旺津駐於招地，每年遣使向達賴喇嘛進獻禮品。我等所攻取之五大城俱歸噶畢東羅布統轄。布魯克巴來招地朝拜，貿易者，概不禁止之處似宜准行。其呼畢勒罕喇嘛扎色里布魯克古濟，諾彥林親齊類拉卜濟及噶畢東羅布喇嘛恭請訓旨一事，俟命下之日，奴才等遵奉以行。等因具奏。奉旨，布魯克巴部落人等相互仇殺，貝子頗羅鼐聞訊當即遣使解和，仰副朕好生之德，宣朕仁化恩威，俾布魯克巴部落人等歸服，甚屬可嘉。此皆輸誠黽勉效力所致。著將貝子頗羅鼐加恩封為貝勒。伊子一等台吉珠爾默特策布登〔註35〕，近二三年屢次率兵效力邊疆，著將珠爾默特策布登封為輔國公。至布魯克巴之諾彥林親齊類拉卜濟及噶畢東羅布等誠心歸順，殊屬可嘉。伊等如何加恩封賞之處，著爾等議奏。欽此。欽遵。

臣等會議得，去年布魯克巴部落喇嘛等將其旺帕柱戕害，旺帕柱所屬噶畢東羅布率五百餘奴僕請歸大國，祈請救兵，頗羅鼐以目下討伐準噶爾事未竣，不可再出援兵。布魯克巴距離帕爾城甚近，擬調一千兵丁前往帕爾城駐防，並遣伊屬之人會同班禪額爾德尼所差一人及薩察喇嘛所差一人前往解和。等因具奏在案。貝子頗羅鼐輸誠黽勉效力，弘宣聖主仁化，俾布魯克巴部落咸俱歸服，殊屬可嘉。為此已殊恩將貝子頗羅鼐封為多羅貝勒，將伊子台吉珠爾默特策布登封為輔國公毋庸議外。布魯克巴之諾彥林親齊類拉卜濟，呼畢勒罕喇嘛扎色里布魯克古濟知過謝罪，進獻方物，仰慕聖主仁化，率其闔部即行恭順歸附，虔誠恭請皇上訓旨，甚屬可嘉，理應恩封。唯不知伊等是否請封，故敕封之事暫且擱置，飭交馬喇等密諭頗羅鼐詢問布魯克巴等，謂曰爾等如若請封，將給以較大封號。俟馬喇將其詢問之情奏到時再議可也。布魯克巴之諾彥林親齊類拉卜濟及先來歸順之噶畢東羅布喇嘛等，恭順來歸，誠心奏請聖主訓旨，宜於伊等頒降訓旨。於布魯克巴之諾彥林親齊類拉卜濟及呼畢勒罕喇嘛扎色里布魯克古濟，宜加恩每人賞給各色大緞四十，五十兩銀茶筒一，酒海一，銀各一千兩。噶畢東羅布先行遣人歸順大國，今率先親攜五百戶來歸，殊屬可憫，宜加恩賞給各色大緞四十，五十兩銀茶筒一，酒海一，銀一千兩。駐招以為人質之車凌旺津喇嘛乃布魯克巴諾彥林

頭等侍衛，時憲德任職四川巡撫，後升任工部尚書，乾隆五年卒。
〔註35〕珠爾默特策布登，頗羅鼐長子，雍正八年封頭等台吉，九年封輔國公，乾隆十一年封鎮國公，十五年為其弟珠爾默特納木扎爾所戕。

親齊類拉卜濟胞叔，亦係大員，宜賞給各色大緞十二，飭頗羅鼐優待供養。布魯克巴諾彥林親齊類拉卜濟等所遣謝恩進獻方物之使剛定喇嘛，宜賞給大緞八疋。所有賞賜之物由驛送與馬喇，會同頗羅鼐賞給之。布魯克巴諾彥林親齊類拉卜濟等並先期來歸之喇嘛噶畢東羅布所貢之物，令馬喇等解送來京。嗣後布魯克巴諾彥林親齊類拉卜濟等若欲遣使請安，頗羅鼐等報部，俱令准行，不得阻止。至馬喇等所奏布魯克巴諾彥林親齊類拉卜濟擬每年遣使向達賴喇嘛進獻禮品，與噶畢東羅布彼此停戰，安好如初。我所攻取之五大城俱歸噶畢東羅布統轄。嗣後布魯克巴來招地朝拜貿易之人，概不禁止之處，俱照馬喇，頗羅鼐所請行。頗羅鼐所呈往征布魯克巴效力之厄魯特百戶達魯噶達邁齋桑等十三員，陣亡兵丁十三名，負傷兵丁三十九名，飭交馬喇，頗羅鼐，將效力之員分編三等，一等賞銀百兩，二等八十兩，三等六十兩，另每人賞緞二疋，所賞緞疋由京城辦給。陣亡之十三名兵丁，俱各賞恤銀五十兩。其負傷兵丁亦令編為三等，一等賞銀三十兩，二等二十兩，三等十兩。此項所賞銀兩，飭令馬喇等仍由同知楊世祿存銀內動支。其所用銀兩數目咨行巡撫憲德照數撥補。至布魯克巴饋送馬喇等之禮物，伊等既奏業經均勻分賞，筵宴使臣毋庸議外，該布魯克巴使人返回時，馬喇等宜酌量優裕賞賚之。其所用銀兩數目，咨行巡撫憲德核銷。伏乞皇上閱覽。俟命下訓示之日，再將頒降布魯克巴諾彥林親齊類拉卜濟等之敕書另行繕擬奏覽。為此，謹將頗羅鼐所呈布魯克巴輿圖一併奏覽請旨。雍正九年二月十六日。

奉旨，依議。布魯克巴輿圖譯後交海望〔註36〕，凡有應入本朝輿圖及應修改之處，著修改繪入之。欽此。

七、西藏辦事大臣馬喇等奏轉賞賜藏地官員物品謝恩摺（雍正九年六月初一日）

奴才馬喇等謹奏，為代轉奏聞叩謝天恩事。

〔註36〕海望，（～一七五五年），烏雅氏，滿洲正黃旗人，雍正元年為內務府主事，歷任郎中，崇文門監督。八年為總管內務府大臣，內大臣。十三年辦理軍機處事務，受顧命。乾隆帝即位，任戶部尚書。乾隆二年為辦理軍機大臣。四年加太子少保。御史彈劾其在崇文門恣意索取。十年罷辦理軍機。乾隆十二年三月丙午接替來保，擔任清朝禮部尚書，後改戶部尚書。由木和林接任。

雍正九年五月十八日，由理藩院遣送賞與布魯克巴之諾彥林沁齊雷喇布濟，呼畢勒罕喇嘛扎色里布魯克古濟，噶必棟羅布喇嘛等之綢茶筒酒海及賞與效力於軍中之十三人綢疋到來，由辦理錢糧事務靖遠衛同知楊士錄取賞綢千匹，銀八百兩，將布魯克巴居住招地之喇嘛車淩旺金，作為使臣差派之喇嘛剛鼎，噶必棟羅布喇嘛之姪布魯克丹達爾等及立功，負傷者，俱集於招地，曉諭聖主訓諭及鴻恩，予以賞賜，車淩旺金喇嘛，使臣剛鼎喇嘛，噶必棟羅布喇嘛之姪布魯克丹達爾等，望闕行三跪九叩禮。俯伏於奴才前告稱，我等內亂，眾生靈不得安寧，特仰賴大聖主恩威，為享太平生計故請歸服，奏請大聖主仁愛訓教，此間惶恐等待。如天之大主，恐在天涯之生靈不得生計，施恩頒吉祥訓諭，復將賞賜綢銀茶筒酒海等物，由貝勒頗羅鼐差遣之第巴準巴共同攜帶前往，稟報林沁齊雷喇布濟，呼畢勒罕喇嘛扎色里布魯克古濟，噶必棟羅布喇嘛等，為叩謝大聖主鴻恩遣使，等情。俟頗羅鼐所遣第巴準巴，林沁齊雷喇布濟等使臣到時，另具奏聞。再，頗羅鼐率眾噶隆，戴琫，第巴〔註37〕，棟闊爾〔註38〕，達魯嘎〔註39〕等，望闕三跪九叩，環繞伏跪，稟報奴才稱，先數次遣大軍征伐布魯克巴，俱未成功。此番大聖主仁文恩威，布魯克巴全部落俱明曉請歸服，以此大聖主施鴻恩，對在我邊界之小奴才普遍賞賜，我等眾人對大聖主之鴻恩，不僅不能報答，土伯特全體眾生，如此大聖主亙古未聞未見，無不感激歡呼殊恩，請轉奏我眾叩謝天恩之情。等語。故此，將所需用銀兩數，行文四川巡撫憲德補送外，為此謹代轉奏聞。

護軍統領臣馬喇。

護軍統領臣邁祿。

總兵官臣鮑金忠。

硃批，知道了。（《雍正朝滿文硃批奏摺全譯》頁二〇三九）

八、西藏辦事大臣馬喇等奏轉頗羅鼐受封謝恩摺（雍正九年六月初一日）

奴才馬喇等謹奏，為代轉奏聞頗羅鼐叩謝天恩事。

雍正九年五月十八日，理藩院咨文到來，奴才等將頗羅鼐宣至招地，奉

〔註37〕原文作第巴棟闊爾，應斷作第巴，棟闊爾。

〔註38〕《欽定理藩部則例》及《衛藏通志》均作棟科爾，西藏稱唐古特世家子弟曰棟科爾，而非一第巴之名。

〔註39〕達魯嘎，見注釋二九。

旨後，頗羅鼐恭設香案，望闕三跪九叩。為叩謝天恩事，將具奏蒙文書跪呈，粗譯閱之，天下地上諸生靈感激文殊師利大聖主金蓮花寶座陛下，頗羅鼐我燃點高香，望闕伏跪，合掌謹奏為叩謝天恩事。五月十八日，由部院致我書稱，理藩院致書多羅貝勒頗羅鼐。雍正九年二月初七日奉旨，布魯克巴部眾人反目，相互交戰，貝子頗羅鼐聽聞，即為伊等和睦遣使，以仰副朕好生之德，將朕之恩威開導曉諭，降服布魯克巴部眾者，甚為可嘉，此俱誠心誠意勤奮效力所至，施恩將貝子頗羅鼐封為多羅貝勒。其子一等台吉珠爾瑪特車登，此二三年連續率兵，於邊疆效力。著封珠爾瑪特車登為輔國公，欽此欽遵。此書抵達後，爾之遣使攜貝子誥命，更換冊文。為此咨行。等因前來後，頗羅鼐列香案，望闕三跪九叩，恭敬接受。所有眾生安逸者，俱由大聖主恩賜，其內頗羅鼐毫未效力，且如母仁愛孳子，先以頗羅鼐為噶倫，續為札薩克台吉，續為貝子，今復封為多羅貝勒。我子由一等台吉封為輔國公。對我相繼施以無疆之恩，今生今世以至無窮世代，不能報答，日夜思念如何報答，惟祈禱佛，三寶，為聖王萬萬壽而誦經。再，作為貝勒，謝恩禮所貢禮物，叩年禮所獻禮物，在頗羅鼐我之官位謝恩，以瑪尼剛巴為囊蘇遣之。嗣後教誨我過錯，善意指示之處，如同阿爾善仍請頒訓諭。以奏禮獻幸福哈達一條，十月之吉日多羅貝勒頗羅鼐由招地萬次叩謝謹奏。等語，故此，將頗羅鼐奏文謹卷之，一併奏覽聖主。

護軍統領臣馬喇。

護軍統領臣邁祿。

總兵官臣鮑金忠。

硃批，知道了。(《雍正朝滿文硃批奏摺全譯》頁二〇四〇)

西藏遣員平息布魯克巴又起之紛爭與清廷敕封布魯克巴

一、都統青保等為報布魯克巴再起兵戈遣員前往探信事奏摺 (雍正十一年七月十九日)

奴才青保〔註40〕等謹奏，為奏聞事。

〔註40〕青保，原任護軍統領，正藍旗蒙古副都統，雍正九年二月己酉，命赴藏辦事，接替僧格，十二年二月甲戌，與苗壽緣事革職回京。

雍正十一年三月十三日，接准辦理軍機事務大臣大學士伯鄂爾泰〔註41〕等咨稱，臣等議奏，據青保等奏稱，布魯克巴之諾彥林親齊類拉卜濟，噶畢東羅布業經和好，其所遣請封使人擬來年與頗羅鼐之使一併送京。嗣後若於收糧之季，自頗羅鼐處選一賢能格隆，自我官員內揀選一名人可且又幹練之人，少帶隨人前往其接界適中之地，傳宣布魯克巴辦事首領前來，宣諭皇上仁化，將未解之事公平辦理，則伊等漸會安寧。等語。俱宜准如所請。惟其所遣之員，宜令青保等務必挑選為人敦厚，曉事精幹者遣之，斷不可滋事。一切事宜令與頗羅鼐所遣格隆商辦。為此，謹奏請旨。等因。於雍正十年十二月二十四日奏入，奉旨，依議。欽此。欽遵。為此咨行。等因前來。准此。

奴才我等當即與頗羅鼐磋商如何將布魯克巴使人送京之事。此時頗羅鼐稟告，據聞布魯克巴兩造不知何事又起兵戈，我意以為，大臣及我宜各派二人，持以訓諭之書，另路前去探問雙方實情，俟返回後再遣使臣。等語。故奴才我等差遣把總賈成志，副把總王朝祥與貝勒頗羅鼐所遣二人前往。茲其返回稟報，我等到彼〔註42〕會見諾彥林親齊類拉卜濟及噶畢東羅布，遵照大臣飭諭將書交給伊等，其後伊等告稱，吾等皆係誠心獻首大皇帝之人，不敢反叛大皇帝。因屬下互盜馬匹牛羊，攔路搶劫，地方不寧，無奈舉兵。今遵照大臣，貝勒訓諭，暫且撤兵。惟吾兩造之事，懇請大臣，貝勒賜恤料理，使得安寧。等語。經翻譯雙方呈書看得，蓋因彼此盜竊馬匹牛羊，攔路搶劫，恃強凌弱所致。奴才等遂與貝勒頗羅鼐就布魯克巴之使應否送京，伊等之事如何辦理之處進行磋商。貝勒頗羅鼐稟稱，布魯克巴人不知法度，形同牲畜。前因伊等和好，相互盟誓，遂奏明東方文殊師利大皇帝，荷蒙隆恩降諭，令其所遣請封使人與頗羅鼐我之使人一併赴京。茲該使人起送之前，又出事端，如送京之後再度反目，雖係下人瑣事，然頻仍瀆奏，頗羅鼐我實甚惶悚。噶畢東羅布所居之林親繃〔註43〕，乃諾彥林親齊類拉卜濟出入必經之咽喉，其雙方彼此搶掠，事所難免。現由綽諾路可通諾彥林親齊類拉卜濟所居之扎西垂宗城，以我之愚見，大臣似宜差遣大員一名，會同格隆前往伊等適中之地，宣諭大皇帝仁化，將其盜竊搶劫案件公平料理，並令嗣後各行其路，俾之和

〔註41〕 鄂爾泰（一六七七～一七四五年），字毅庵，西林覺羅氏，清滿洲鑲藍旗人，官至保和殿大學士兼軍機大臣，太保，清世祖最寵信大臣之一。
〔註42〕 此處補一彼字。
〔註43〕 林親繃，譯者注即林親布木城，今不丹國之帕羅。

好。俟事畢返回時，其如何定奪之處與大臣商議後，再將伊等使人送京可也。該遣官員，格隆返回後，倘已妥善了結，我則自後藏選派賢能第巴二名，一名駐噶畢東羅布所居之處，一名駐諾彥林親齊類拉卜濟所居之處，辦理伊等一應事務，俾之和睦相處。其難料理之事，則呈報於我，轉報大臣商議辦理。諾彥林親齊類拉卜濟之使人，商賈若准經絳諾路而行，噶畢東羅布之使人，商賈准由帕克里路而行，我等之人各駐一方，則可通曉其情，且伊等亦知畏懼，庶不致因瑣事再次反目耳。再，頗羅鼐我遣往京城之囊厝〔註44〕，乃賀歲恭請大皇帝萬安，進獻丹書克者，若等候布魯克巴之事，則年前不能到京，我誠心（原文殘缺——譯者），必致耽擱，祈請將囊厝先行送京。俟布魯克巴使人送京時，我另派賢人伴往。等語。奴才等忖量頗羅鼐所言，皆出赤誠，且深懼其事。故照其所言派格隆策棱旺扎爾〔註45〕，遊擊和尚〔註46〕，攜帶為勸勉和解由辦理糧餉同知楊世祿處酌量採買之賞賜之物，持以宣諭聖主天威仁化，開諭勸教之書前往。俟伊等事畢返還時，再將布魯克巴使人辦理送京。為此，謹具奏聞。

都統臣青保。

本都統兼侍郎臣僧額。

副都統臣馬喇。

大理寺〔註47〕卿苗壽〔註48〕。

前鋒統領臣邁祿。

〔註44〕囊厝，常譯作囊蘇，囊素，清時期西藏，蒙古俗人貴族所遣之使稱囊素，達賴班禪等活佛所遣使節為堪布。

〔註45〕格隆策棱旺扎爾，即《頗羅鼐傳》及《噶倫傳》之作者，時任噶布倫，其家族為西藏著名之貴族之一，策棱旺扎爾亦為當時著名之噶布倫，《欽定外藩蒙古回部王公表傳》列有其家族之封爵傳記。《西藏的貴族和政府 一七二八～一九五九》載其名才仁旺傑，先就學於色拉寺，後學於著名之寧瑪派活佛洛欽達瑪室利，康熙五十六年起為拉藏汗日喀則之宗本，清軍定藏後，其效力於阿爾布巴，阿爾布巴之亂後，頗羅鼐力保其免受懲處，成為頗羅鼐得力之助手，升任噶布倫職，清世祖並賜其札薩克一等台吉之爵位。

〔註46〕遊擊和尚，和尚在《衛藏通志》等書中多處提到，曾參與西藏劃界，迎請七世達賴喇嘛從康區返回拉薩等事，係鑲黃旗蒙古固山官福佐領下人，於雍正六年奉文領兵進藏。

〔註47〕此處補大理寺三字。

〔註48〕苗壽，雍正九年二月己酉命駐西藏辦事，六月抵藏，十一年三月總理藏務，十二年二月甲戌，與青保緣事革職拿解回京。

二、大學士鄂爾泰等為議奏頗羅鼐之使先行送京不必等候布魯克巴使人事奏摺（雍正十一年九月初八日）

大學士伯臣鄂爾泰等謹奏。

據青保等奏稱，奴才我等與頗羅鼐磋商如何將布魯克巴使人送京之事。此時頗羅鼐稟告，據聞布魯克巴兩造人等彼此盜竊搶掠事件再起，地方不寧。我意以為，大臣似宜差遣大員一名，會同格隆前往伊等適中之地，宣諭大皇帝仁化，將其盜竊搶掠案件公平料理，並令伊等各行其路，俾之和好。俟事畢返回時，其如何定奪之處商議後，再將伊等使人送京可也。該遣官員返回後，倘已妥善了結，我則自後藏選派賢能第巴二名，於布魯克巴兩方各駐一人，辦理伊等一應事務，俾之和睦相處。諾彥林親齊類拉卜濟之使人商賈若准經綽諾路而行，噶畢東羅布之使人商賈准由帕克里路而行，我等之人駐彼，則可通曉其情，且伊等亦知畏懼，庶不致再次反目耳。再，頗羅鼐我遣往京城之囊厝，乃向大皇帝進獻丹書克者，若等候布魯克巴之事，必致耽擱，祈請將囊厝先行送京。俟布魯克巴使人送京時，我另派賢人伴同前往。等語。奴才等忖量頗羅鼐所言，皆出赤誠，故照其所言派格隆策棱旺扎爾，遊擊和尚，酌量攜帶賞賜之物，持以勸諭之書前往。俟伊等返還時，再將布魯克巴使人辦理送京。等因。

查得，前巡撫憲德奏將達賴喇嘛[註49]，頗羅鼐等使人送京一事，臣等議擬達賴喇嘛，頗羅鼐之使俱令本年來京。等因具奏准行在案。茲青保等既奏布魯克巴兩造人等再度反目，已派人前往和解，俟返回後，再將伊等使人送京，頗羅鼐之使宜先送京。等語。據此，宜令頗羅鼐使人與達賴喇嘛之使一同來京。俟遣往布魯克巴之人返回後，商定將伊等之使應行送京時，由頗羅鼐處酌情另行派一賢人攜同前來可也。

雍正十一年九月初八日奏入，奉旨，依議。欽此。

三、都統青保等報遣員前往布魯克巴和解締約情形事奏摺（雍正十二年二月初二日）

奴才青保等謹奏，為奏聞事。

照得前布魯克巴諾彥林親齊類拉卜濟、噶畢東羅布兩造彼此不睦，相互

〔註49〕達賴喇嘛，指第七世達賴喇嘛。

仇殺，就此與貝勒頗羅鼐磋商，據頗羅鼐稟稱，布魯克巴人不知法度，形同牲畜。昔因雙方仇殺，遣班禪額爾德尼，薩察喇嘛之使及我屬之人前往，俾之和合盟誓。而今其又反目，雖係下人瑣事，然頻仍瀆奏，我實甚惶悚。祈請大臣等奏派大員一名，與我所派賢能格隆一名前往伊等接界之處，宣諭聖主仁化，勸諭和解。若事能妥善了結，則從後藏派遣賢能第巴二名，各駐一方，將伊等一應事宜公平辦理。其難料理之事，則呈報於我，轉報大臣商議辦理。等語。遂派遣格隆策棱旺扎爾、辦事遊擊和尚前往和解。等因。業經具奏在案。

雍正十一年十二月二十六日，遊擊和尚、格隆策棱旺扎爾返回。伊等稟稱，和尚我等於八月十二日自藏啓程，二十六日抵達布魯克巴交界邊城章則城〔註50〕。而後差遣隨行外委王朝祥、楊盡忠、第巴別貢巴、門騰巴持勸諭之書前往諾彥林親齊類拉卜濟、噶畢東羅布處，旋即帶諾彥林親齊類拉卜濟辦事大格隆衮布，噶畢東羅布辦事大扎西敦巴前來，於十月十六日到達我等所居之章則城。我等頭日筵請各使，次日僅傳取諾彥林親齊類拉卜濟所遣之使格隆衮布謂曰，我中國大皇帝性好造化，於天下眾生不分內外，一視同仁。布魯克巴乃邊隅一小部落，仰慕大皇帝仁化，恭順獻首歸附，此二年內，相互仇殺，生靈塗炭，不得安寧，必有緣故。茲駐藏大臣奏派我等前來，爾須輸誠告以實情，以便公平辦理。等語。據格隆衮布告稱，我諾彥林親齊類拉卜濟乃感戴大皇帝仁化，誠心獻首之人，絕無膽敢反叛大皇帝之處。惟噶畢東羅布思念舊仇，窩藏我之逃人，搶掠行人，此尚屬小事。其將我達喇喀爾古濟楚克賴那木扎勒喇嘛偷行帶去，又挑唆我邊界附近納貢之額訥特科克〔註51〕之第納迪瓦部偏向伊方，致我屬下人心不服，彼此反目為仇。現我處已將楚克賴那木扎勒父母、族人拘禁矣。茲東方大皇帝於我輩小人不加罪責，又派諾彥，格隆前來教諭，我諾彥林親齊類拉卜濟不勝惶悚感激，安敢不遵行耶。懇祈將楚克賴那木扎勒喇嘛送還於我，俾第納迪瓦部所向仍歸既往，並將我之逃人給還。如此則嗣後永不啓釁，仰賴大皇帝之恩安逸生活。等語。又傳取噶畢東羅布所遣使人扎西敦巴詢問之，據告稱我噶畢東羅布乃率先恭順獻首歸附大皇帝之人，諾彥林親齊類拉卜濟不棄宿怨，時常擾我鄰界民人，搶擄馬牛羊隻，劫掠路人。至楚克賴那木扎勒喇嘛並非我等偷行帶來者，我

〔註50〕章則城，即今之江孜。
〔註51〕額訥特科克，蒙古人於印度之稱謂。

噶畢東羅布乃屬正當供奉之喇嘛，故雅曼達噶佛〔註52〕一夜將其〔註53〕送到我處，俾我噶畢東羅布得以竭誠供奉。再楚克賴那木扎勒喇嘛先世即為第納迪瓦之父奉祀之喇嘛，第納迪瓦聞知楚克賴那木扎勒喇嘛來到我處，遂來朝拜，乃非吾等挑唆而來者。何況我方之人逃往伊處，亦未給還。祈請該喇嘛斷不可送回，仍准其留在我處，其被拘拿之父母族人請予釋放，將我逃人給還。若此，我輩微末人等感戴東方大皇帝再生養育之恩，不再開釁，永世安寧。等語。翌日將兩造使人傳集一處，我等謂曰細究爾等所言，並非別項要事。爾等兩家均為修道之喇嘛，因一喇嘛而致生靈塗炭，不得安寧，彼此仇殺，殊屬非是。佛道所及皆為家，各自弘法修道，方為正理。今以我等之意，楚克賴那木扎勒喇嘛現既已赴噶畢東羅布處，則仍令留於彼處，爾等逃人盜竊等案將予公平辦理，而後以土伯特貝勒所遣二名第巴各駐一方，爾等諸事可報各駐地之第巴公平辦理。爾等倘若接受此議，善加了結，我等返回將稟報大臣，將爾等為請安謝恩所遣之使妥善辦理送京。嗣後爾等布魯克巴乃至子孫，得賴聖主洪恩，永享太平。等語。言畢，諾彥林親齊類拉卜濟所遣之使格隆袞布曰，蒙諾彥，格隆頒宣東方大皇帝殊恩，開諭教訓，我諾彥林親齊類拉卜濟何敢不遵行耶。別事皆小，惟我雙方構兵啓釁，生靈塗炭，蓋因楚克賴那木扎勒喇嘛之故也。今若令伊仍留噶畢東羅布處，於我情面關係甚重，祈請於吾等留些顏面。等語。噶畢東羅布使人扎西敦巴曰我之喇嘛感戴東方大皇帝之恩，所有教諭曷敢不遵奉以行。惟該楚克賴那木扎勒喇嘛乃佛送我處者，若送回諾彥林親齊類拉卜濟處，恐我屬下民心不服。其第納迪瓦及盜搶焚房等案，悉聽諾彥，格隆措置，惟該喇嘛懇請仍留我處。等語。是以，我等二人商議擬令楚克賴那木扎勒喇嘛仍留在噶畢東羅布處，將被拘禁之喇嘛父母族人釋放，俾得平安，將靠近諾彥林親齊類拉卜濟處之噶畢東羅布所屬吉普，丁沁二處地方連人一併劃給諾彥林親齊類拉卜濟，以為楚克賴那木扎勒喇嘛缺失之補償。第納迪瓦則不准偏向噶畢東羅布一方。其相互搶擄之事予以公平辦理。此正辦理間，聞貝勒頗羅鼐為送京八喇嘛之事往商於後藏之班禪額爾德尼，遂將該等情由及辦理之處繕書報送頗羅鼐。頗羅鼐返回路經章則城，向布魯克巴兩造使人宣諭聖主天威仁化，分晰利害，致書教諭，並賞給諾彥林親齊類拉卜濟，噶畢東羅布及其雙方使人頭領等蟒緞，緞，

〔註52〕雅曼達噶佛，譯者注，即大威德怖畏金剛。
〔註53〕此處補將其二字。

衣帽，茶等物。之後兩造使人歸來告稱我布魯克巴兩造前雖和解，卻仍念宿怨，相互牴牾。茲大皇帝之大臣遣派諾彥，格隆專來爲我等排解，土伯特貝勒又向我布魯克巴諾彥，頭領等宣諭大皇帝天威仁化，勸勉教諭，賞給眾多物品，今惟聽諾彥，格隆指示遵行。等語。俱竭誠以告。故照我等擬辦並報請貝勒頗羅鼐之書料理得，達喇喀爾古濟楚克賴那木扎勒喇嘛既至噶畢東羅布處，倍受尊崇，仍准留彼，於諾彥林親齊類拉卜濟以噶畢東羅布所屬吉普，丁沁地方及其屬民予以補償，將被拘禁之喇嘛父母族人釋放。額訥特科克小部落第納迪瓦人既非伊等布魯克巴〔註54〕所屬，不得偏向噶畢東羅布一方。至彼此爭戰中被焚房屋俱毋庸議。各將逃人遣回原地。彼此所盜之馬匹牛羊，各尋中正，被告核問，分別賠償。隨後賞給雙方使人緞疋、綾布、茶等物，諭曰爾等各自返回，出具彼此和合約結，鈐記送來。等語。遣之還。十二月十二日，使人等復至章則城，呈上和合約結稟告我等曰，我布魯克巴乃山林一小部落，不知法度，東方大皇帝普渡眾生，特派諾彥，格隆前來，將吾等不齒之事俱以公平辦理，且令賢能第巴各駐一方，蒙此隆恩厚澤，猶如嬰兒入母懷抱也。祈請將吾等所遣恭請大皇帝萬安，進獻方物，敬請印信封號之使盡速送京。倘幸蒙大皇帝加恩賞給吾等印信封號，將可仰賴大皇帝天威，管束吾等屬下無法之人，及至子孫，永霑渥澤，享以太平。等語。是以攜布魯克巴兩造約和印結及其遣使，於十二月十五日自章則城啓程前來。等情。

據此，奴才我等將諾彥林親齊類拉卜濟，噶畢東羅布奏書二件及其和合約結粗略翻譯，另行繕摺，附以唐古特原書，一併先行奏聞。

都統臣青保。

副都統臣馬喇。

卿臣苗壽。

總兵官臣周其豐。〔註55〕

附件一：布魯克巴諾彥林親齊類拉卜濟等之奏書

天地眾生共戴之東方文殊師利大皇帝金蓮寶座下，微末之布魯克巴呼畢勒罕喇嘛扎色里布魯克古濟，諾彥林親齊類拉卜濟焚香望闕跪拜，合掌萬叩

〔註54〕布魯克巴，譯者注這裡係指噶畢東羅布之布魯克巴。

〔註55〕周其豐，《西藏志》作「周起鳳」，爲西寧鎮總兵官，雍正十年率兵入藏替換卒於任所之包進忠，周其豐當爲周起鳳之異譯。

謹奏，為恭請萬安，仰乞天恩事。

西陲愚眾不知善惡，構兵相殺，無有寧日。土伯特貝勒頗羅鼐致書宣諭東方大皇帝天威仁化及其恩典，我等不勝欣悅。遂向駐招之大臣，貝勒遣使，以獻首輸誠，乞請仰靠東方大皇帝而生，蒙大皇帝賜以生平未睹之異數隆恩。此於我等，乃比匝木卜提布盛滿金子更為珍貴之大恩德也。似此如天大恩，實萬世不能圖報，唯有感激叩謝天恩矣。但我布魯克巴人如牲畜，不知法教，噶畢東羅布及我等兩造屢次構禍，及蒙駐藏大臣轉奏，東方大皇帝憐愛眾生，特遣官員，格隆為我等之和解料理各事。且土伯特貝勒又親蒞章則城，向我兩方使人宣諭東方大皇帝天威仁化，分晰利害，於每方各設一賢能第巴照看辦事，並諄諄致書教諭，我等甚為感激，今俱欣然和好，嗣後惟有誠心感戴皇恩永圖安樂也。

茲敬請者，我布魯克巴人等不知法度者甚多，倘蒙東方文殊師利大皇帝賞以敕印，不惟便於管轄，且愚昧之人上畏天威恭敬遵行，各守法度，不致滋事，世代子孫永得太平。此皆大皇帝再造之恩也。除大皇帝之外，別無二意，懇祈永降仁旨訓示賜鑒。為此，特差使者格隆巴爾崇齎送恭請東方大皇帝萬安，仰乞天恩之奏書，並進獻區區土產方物，於月之吉日具奏。

附件二：布魯克巴噶畢東羅布喇嘛之奏書

天地眾生共戴之東方文殊師利大皇帝金蓮寶座下，微末之布魯克巴噶畢東羅布喇嘛焚香望闕跪拜，合掌叩奏，為恭請聖安，仰乞天恩事。

鄙噶畢東羅布上合天心，獻首歸順東方文殊師利大皇帝，期以仰賴天恩，永享安樂。恭請聖訓時，反蒙賜予有生未見異數大恩，噶畢東羅布不勝欣慰，曾經恭謝天恩，實不但今生，雖萬萬世不能仰報。唯有三寶佛前虔誠諷經，祝東方文殊師利大皇帝萬萬年耳。我布魯克巴人等生性愚昧如畜，近二年彼此生隙仇殺，駐藏大臣奏明大皇帝，大皇帝普愛眾生，遣派官員格隆為我等和解料理各事，貝勒又親至章則城，宣諭天威仁化，分晰利害，並諭以爾等如若和好，各處差賢能第巴一名照看辦事。等語。致書教諭，即如嬰兒得母，欣喜無盡。今復和合，永結和好。嗣後，惟感戴東方大皇帝仁愛寬容之恩，永為安樂耳。茲叩祈東方文殊師利大皇帝憐憫愚生，賜以敕印，微末噶畢東羅布我得賴大皇帝恩威，便於管轄所賜五城人民，且伊等俱知遵從，各守法度，以安其生。此東方文殊師利大皇帝憐憫再造之恩也。祈請天恩賜鑒。

為此，特差使人商納克諾爾布恭請萬安，仰祈天恩，並獻奏書及區區土

產方物，於月之吉日具奏。

附件三：布魯克巴兩造和合約結

佛神眾護法在上，執法各頭領為證盟誓。

布魯克巴諾彥齊類拉卜濟，噶畢東羅布喇嘛公同具結，昔日我布魯克巴部內亂無寧，各獻首投歸大皇帝，蒙聖主撫准所請，施以隆恩，貝勒頗羅鼐又宣諭大皇帝恩威，當即和合。然宿怨甚深，仇殺再起。茲蒙大皇帝之臣所遣顧宗葉與貝勒之使共同為我等排解，貝勒頗羅鼐自扎什倫布返回又親臨開諭，是以一致遵奉，即照壬子年〔註56〕和約以行，往昔火燒噶畢之城及布魯克巴伯默特城之事，免究不論。喇嘛楚克賴巴既自布魯克巴榮〔註57〕轉赴噶畢一方，毋庸返回，以噶畢之拉克茲布東面地方以為布魯克巴榮之補償。彼此盡棄前嫌，不得翻覆。喇嘛楚克賴巴之父母族親予以釋放，使之安好。額訥特科克之第納迪瓦部仍如往昔保持安靜，不得偏向噶畢而滋事端。其他瑣事俱免議不論。嗣後我等布魯克巴榮及噶畢兩造，俱遵貝勒頗羅鼐所遣辦事之人指示而行，和睦相處，斷不負聖主恤愛我布魯克巴之恩也。倘有毀約者，以天道國法論處，斷無怨言。

為此，布魯克巴榮之諾彥林親齊類拉卜濟具結畫押，噶畢東羅布喇嘛具結畫押。

附件四：布魯克巴兩造呈給都統青保所遣和解之員和合結文

向三寶佛及大皇帝所遣和解之員具結呈稱，為報鄙布魯克巴之諾彥林親齊類拉卜濟，噶畢喇嘛東羅布我等兩造和合事。

我布魯克巴僕眾惡事遍起，兩造仇殺大作，前已呈請土伯特貝勒將我等休戚之情轉告知之。昔因貝勒頗羅鼐宣諭大皇帝恩威，我等獻首歸誠，仰蒙隆恩憐恤，諭令我等兩造毋再仇殺，安寧而生，由此和好。惟宿怨太深，和合踐毀。茲蒙大皇帝之臣所遣之使遊擊和尚及貝勒之使格隆策棱旺扎爾為我等排解，貝勒至扎什倫布後又親向我等開諭利害，俾我兩造之事及地域劃分俱照水鼠年〔註58〕和約確定。茲約定嗣後噶畢東羅布房屋及諾彥林親之畢瑪特地方房屋被焚之事，彼此免究不論。再喇嘛楚克賴那木扎勒既至噶畢處，毋庸給還，以噶畢之吉普，丁沁兩處屬民予以諾彥林親補償。前諾彥林親喇

〔註56〕壬子年，即雍正十年，藏曆第十二饒迴水鼠年。
〔註57〕布魯克巴榮，譯者注，榮即藏文 gzhong 之轉音，意為政府。
〔註58〕水鼠年，即藏曆第十二饒迴水鼠年，雍正十年。

嘛拘禁之楚克賴那木扎勒父母族人，予以釋放，俾之安好。雙方逃人願返回者，聽其自便，不得挾嫌阻止。至額訥特科克之第納迪瓦部仍如往昔而處，不得與噶畢通好。其餘瑣事毋庸議。又奉諭示嗣後貝勒之兩名賢能第巴於兩造地方各駐一名照看辦事，當遵示而行。此皆大聖主爲布魯克巴兩方臣僕再造之恩也。從此往後，惟有和好，無論何旨，俱以遵行。等語。嗣後如悖諭旨和約，構禍生事，聽憑大軍討伐，罰取我等資財可也。等情。須至呈者。

　　布魯克巴之諾彥林親齊類拉卜濟。噶畢喇嘛東羅布鈐記。

四、都統青保等爲報布魯克巴使人啓程赴京及沿途辦給駄騎廩餼事奏摺（雍正十二年二月初二日）

　　奴才青保等謹奏，爲奏聞布魯克巴使人業經辦理啓程事。

　　雍正十二年正月二十日，貝勒頗羅鼐前來稟告，布魯克巴兩造有感東方大皇帝天威仁化，諸事俱照所遣之員並格隆措置辦理完結，妥善和解，懇請將伊等差請印信封號之使盡速送京。但若與我賀歲請安之使囊厝同往，所需牲畜頗多，恐累民人。請准另遣賢人照料，由喀木路先行送京。等語。奴才等問據布魯克巴使人告稱，東方文殊師利大皇帝憐恤我布魯克巴眾生，特遣諾彥，格隆前來，將我等之事公平辦理，又於各方派駐第巴一名照看辦事，此猶嬰兒得母之大恩德也。請將所遣恭請印信封號之使疾速送往。等語。不勝感激歡忭以告。故奴才等準照頗羅鼐所請，將布魯克巴之諾彥林親齊類拉卜濟之使格隆巴爾崇及跟役四名，噶畢東羅布之使商納克諾爾布及跟役四名，令貝勒頗羅鼐派出照護之希達爾齋桑及跟役二名伴同，於二月初二日自藏料理啓程。

　　再布魯克巴二名使人，每人每日食羊各一隻，飲茶葉各二兩六錢，隨行八名跟役每日食羊一隻，茶葉一斤五兩，使人跟役每日共食米一倉斗，炒麵二斗，酥油一斤四兩，鹽八兩，用木炭三百斤並駄騎牲畜。將此除咨四川督撫，牌令自藏至打箭爐沿路辦理糧餉之員日日以備，俟使人抵達，照數撥給，將所用銀兩，各報四川督撫核銷。並咨請迄至打箭爐後，將該使人，跟役，貝勒頗羅鼐照顧伴往之希達爾齋桑及隨行跟役等所需駄騎廩餼照例撥給送京。等因前去外。爲此，謹具奏聞。

　　都統臣青保。

　　副都統臣馬喇。

卿臣苗壽。

總兵官臣周其豐。

五、大學士鄂爾泰等為議覆都統青保遣人俾布魯克巴兩造和好事片（雍正十二年三月十七日）

大學士伯臣鄂爾泰等謹奏。

駐藏之青保等奏聞布魯克巴諾彥林親齊類拉卜濟，噶畢喇嘛東羅布相互仇殺，經與頗羅鼐商議遣人俾之和合一事。布魯克巴人彼此仇殺，青保等既奏，經遣人說和，兩造俱已順服和好，毋庸另議。伊之奏摺及布魯克巴人為彼此和合各奏之書，約結一併俱交該部備案可也。

雍正十二年三月十七日奏入，奉旨，依議。欽此。

附件：大學士鄂爾泰等為議覆布魯克巴使人啟程來京所擬應辦各事片（雍正十二年三月十七日）

大學士伯臣鄂爾泰等謹奏。

據駐藏青保等奏，布魯克巴兩造感戴聖主仁恩，俱已妥善和好，懇請將其所遣恭請印信封號使人送京。故將該使等於二月初二日料理啟程，由喀木路送往。等語。查得，昔日布魯克巴人等相互仇殺，經貝勒頗羅鼐差人說和，布魯克巴之諾彥林親齊類拉卜濟等率闔部內附。是以臣等議以該部人等恭順歸服，情屬可嘉，理應恩封。唯不知伊等是否請封，故交頗羅鼐詢問布魯克巴人等，謂之曰爾等如願請封，將給以較大封號。等因。具奏在案。茲布魯克巴之諾彥林親齊類拉卜濟，喇嘛噶畢東羅布俱感聖恩，彼此和好，伊等所遣恭請印信封號使人，青保等業經料理，由喀木路送來。是以宜令俟抵打箭爐後，由四川督撫等照例辦給馬畜糇餱，差派妥善之人護送來京。並將自四川啟程日期及到京日期先行奏報。伊等如何頒賞之處，令該部查例議奏。伊等首領應賞何等印信封號之處，俟該使到後問明，再行議奏。

雍正十二年三月十七日奏入，奉旨，依議。欽此。

六、副都統馬喇等為會同頗羅鼐商議布魯克巴等應行賞給印信封號事奏摺（雍正十二年五月初四日）

奴才馬喇等謹奏，為密奏事。

　　雍正十二年四月三十日，接准辦理軍機事務大臣等密咨內稱，據爾等奏，布魯克巴之呼畢勒罕喇嘛扎色里布魯克古濟，諾彥林親齊類拉卜濟，喇嘛噶畢東羅布所遣請印信封號使人，業已送京。等語。據此議給該等之人印信封號一事。其之所轄地域大小，應給何等封號之處，我等因不確知，驟難定奪。爾等宜與頗羅鼐磋商，將以伊等所轄地域，往昔名分，各應頒給何等印信封號，並合其所望，不致過份，且其他藩部與聞，尚能心服之處，詳悉斟酌議定具奏。此事盡速密議，於布魯克巴使人抵京之前馳送為宜，現正候議。為此咨行。等因前來。

　　奴才等當即與貝勒頗羅鼐磋商，據頗羅鼐告稱先世布魯克巴之大喇嘛扎色里為阿旺那木扎勒，噶畢東羅布之祖噶畢格隆為第巴〔註59〕。其後，轉世之呼畢勒罕喇嘛巴提〔註60〕將第巴變更，旺帕柱布魯克拉卜濟〔註61〕據之。現呼畢勒罕喇嘛為扎色里布魯克古濟，第巴為林親齊類拉卜濟，伊等轄有大小城近三十座，奴僕一萬餘戶。至噶畢東羅布之祖，原為布魯克巴第巴，迨至伊孫噶畢東羅布，乃任格隆，辦理事務。後噶畢東羅布等兩相爭鬥，反目為仇，各自為政。經奏大皇帝，現令噶畢東羅布統轄大城五座，小城十座，奴僕四千餘戶。鄙頗羅鼐愚意，其呼畢勒罕喇嘛扎色里布魯克古濟仍賞給喇嘛稱號。諾彥林親齊類拉卜濟，喇嘛噶畢東羅布，今既各轄一方奴僕，賞給伊等地方牧守印信封號，則其各必感激大皇帝敕封之恩，約束各自屬人。復經頒宣大皇帝仁化，不但其永享安寧，即其他藩部與聞，必俱感懷。東方文殊師利大皇帝於天下眾生，無分內外，一視同仁，惟好撫育，於之伊等如何恩賞，祈請大皇帝睿鑒。再，布魯克巴之呼畢勒罕喇嘛扎色里布魯克古濟，諾彥林親齊類拉卜濟及喇嘛噶畢東羅布等之名號，另行開單，祈請奏覽，伏乞大皇帝睿鑒。等語。

　　據此，奴才等將與貝勒頗羅鼐會商所議，附單一併密奏以聞。

　　都統臣青保。

　　副都統臣馬喇。

〔註59〕第巴，即《現代不丹》一書載之布魯克巴第六任第巴阿旺‧澤仁，一七〇二至一七〇四在職。

〔註60〕巴提，譯者注，即第一世扎色里活佛貢噶堅贊（一六八九～一七一三年），樵註，若以嘉貝多吉為第一世嘉色活佛，則巴提當為第二世嘉色活佛。

〔註61〕旺帕柱布魯克拉卜濟，即《現代不丹》一書所載之布魯克巴第八任第巴竺克‧拉布吉。

正卿臣苗壽。

總兵官臣周其豐。

　　附件：布魯克巴呼畢勒罕喇嘛等三人應賞印信封號單

　　先世布魯克巴之大喇嘛扎色里爲阿旺那木扎勒，二世呼畢勒罕喇嘛爲巴提，三世呼畢勒罕喇嘛現係扎色里布魯克古濟。所謂扎色里，菩薩者也。布魯克古濟，即布魯克巴呼畢勒罕之謂也，似宜賞給其執掌布魯克巴教法扎色里呼畢勒罕之印信封號。再諾彥林親齊類拉卜濟之稱，即其名也，似宜賞給其額爾德尼第巴之印信封號。至噶畢東羅布，噶畢者伊之姓也，東羅布伊之名也，似宜賞給其管理地方奴僕之噶畢東羅布喇嘛印信封號。

七、大學士鄂爾泰等爲議覆賞給布魯克巴呼畢勒罕喇嘛等三人印信封號事奏摺（雍正十二年八月二十二日）

　　大學士伯臣鄂爾泰等謹奏，爲議奏事。

　　布魯克巴之呼畢勒罕喇嘛扎色里布魯克古濟及其兄諾彥林親齊類拉卜濟，喇嘛噶畢東羅布等所遣請安進獻方物，請賞印信封號之使格隆巴爾崇，商納克諾爾布，業已到京。查得，前駐藏青保等奏到布魯克巴兩造業已和好，其所遣恭請印信封號之使已料理啓程送京一事，經臣等議得，俟該使抵打箭爐後，由四川督撫辦理送京。其應賞何等印信封號之處，到時再議。等因具奏准行。並咨令駐藏副都統馬喇，會同頗羅鼐，將該人等應賞何等印信封號之處議定具奏。

　　據馬喇與頗羅鼐議奏內稱，先世布魯克巴之大喇嘛扎色里爲阿旺那木扎勒，二世呼畢勒罕喇嘛爲巴提。現今之呼畢勒罕喇嘛扎色里布魯克古濟，第巴林親齊類拉卜濟，轄有大小城近三十座，奴僕一萬餘戶。再噶畢東羅布之祖噶畢格隆，原爲布魯克巴第巴，迨至伊孫噶畢東羅布，乃任格隆，辦理事務。後噶畢東羅布等兩相爭鬥，反目爲仇，各自爲政。經奏大皇帝，現令噶畢東羅布統轄大城五座，小城十座，奴僕四千餘戶。其呼畢勒罕喇嘛扎色里布魯克古濟，若施恩賞給執掌布魯克巴教法扎色里呼畢勒罕之印信封號。諾彥林親齊類拉卜濟，賞給額爾德尼第巴之印信封號。噶畢東羅布，賞給管理地方奴僕之噶畢東羅布喇嘛印信封號，則其各必感激大皇帝敕封之恩，約束各自屬人。復經頒宣大皇帝仁化，諒必永享安寧。如何恩賞之處，祈請大皇帝睿鑒。等因。

據此，宜准如頗羅鼐所請，於呼畢勒罕喇嘛扎色里布魯克古濟，賞給執掌布魯克巴教法扎色里呼畢勒罕之印信封號。諾彥林親齊類拉卜濟，賞給額爾德尼第巴之印信封號。噶畢東羅布，賞給管理地方奴僕之噶畢東羅布喇嘛印信封號。俟命下之時，將所頒敕書交內閣繕擬奏覽，兼書滿蒙唐古特文字頒給之。其印信，交該部兼以滿蒙唐古特文字鑄造。鑄得後，交伊等使人帶回。為此，謹奏請旨。

雍正十二年八月二十二日奏入，奉旨，依議。欽此。

除由軍機處咨行副都統馬喇外，將此交禮部，內閣，蒙古堂，令將應辦事項速查辦理，並交理藩院。

八、副都統馬喇等為報布魯克巴呼畢勒罕等接奉敕印遣使謝恩事奏摺（雍正十三年七月二十二日）

（原檔殘缺——編譯者）惟為永世仰賴東方文殊師利大皇帝，俾眾安寧而面佛祈禱諷經也。等語。欣然稟告之。據諾彥林親齊類拉卜濟稟告，鄙乃極邊之隅一微末小部之頭領，東方文殊師利大皇帝憐恤我布魯克巴眾生，逾格施以天地高厚之恩，於我頒發敕書，賞給額爾德尼第巴名號，印信及銀茶筒，酒海，各色緞疋等物。又蒙隆恩下逮，賞給噶畢東羅布所轄五城僕眾。此乃東方文殊師利大皇帝將我布魯克巴眾生始終恩祐養育，仍視一體之異數隆恩。其大恩大德，雖萬萬世無以為報，不惟鄙之一人，且我闔部之眾無不歡忻也。我等惟有傾心感戴大皇帝隆恩渥澤，竭能效力，撫馭部屬，宣諭大皇帝仁恩，以期永世安樂耳。等語。欣然稟告之。又告稱，我等奏呈東方文殊師利大皇帝之書，交我使人綜本〔註62〕巴特瑪，隨爾等一同赴藏，呈給大臣，貝勒，請予轉奏。等語。是以千總李仁我等攜諾彥林親齊類拉卜濟所差使人綜本巴特瑪，於五月二十四日自扎西垂宗城啟程前來。等情。

據此，奴才等將扎色里布魯克古濟呼畢勒罕，諾彥林親齊類拉卜濟等叩謝天恩之漆封奏書二件，一併具奏以聞。

副都統臣馬喇。

副都統臣那蘇泰〔註63〕。

〔註62〕綜本，當為宗本。

〔註63〕那蘇泰，鑲白旗蒙古副都統，雍正十二年二月甲戌，與阿爾珣同往西藏辦理事務，補苗壽緣事革職之缺，乾隆二年九月丙辰詔京，後任熱河副都統。

總兵官臣周其豐。

多羅貝勒臣頗羅鼐。

九、和碩莊親王允祿等爲將布魯克巴呼畢勒罕等接奉敕印謝恩各情存案事奏摺（雍正十三年九月初四日）

總理事務和碩莊親王臣允祿〔註64〕等謹奏。

副都統馬喇等與貝勒頗羅鼐會銜，將遵旨差人賫賞布魯克巴呼畢勒罕等敕印，護送伊等使人返回之情，及布魯克巴等率眾叩謝天恩之原奏之書，一併奏聞前來。擬存案可也。雍正十三年九月初四日奏入，奉旨，知道了。欽此。

十、（佚名）奏報賞呼圖克圖印記及敕書摺

副都統馬喇等會同貝勒頗羅鼐遵旨遣人，攜帶賞布魯克巴之呼圖克圖等印記敕書等項，著其使臣等護送，布魯克巴之呼圖克圖等率眾叩謝天恩，故將其原奏書一併奏聞。將此在案。

墨批，知道了。（《雍正朝滿文硃批奏摺全譯》頁二六三二）

安置布魯克巴入藏避難之人

一、副都統馬喇等奏報安置來投之阿旺等人摺（雍正十三年十二月十七日）

奴才馬喇等謹奏，爲欽遵上諭議奏事。

於雍正十三年十月二十一日，竊准總理事務王，大臣，軍機處大臣等來文內稱經我等具奏，竊准副都統馬喇等奏稱，布魯克巴部噶畢董羅布之同族之子阿旺率布魯克巴六十餘人前來西藏告稱，先因我布魯克巴內亂，危在且夕，爲投靠大聖主安逸爲生而稱臣，今我喇嘛已故，我屬下之人，俱交付予諾顏璘沁齊類喇布濟，倘若我等仍居住布魯克巴地方，復將爲仇，恐使我等遭受苦難，懇乞准我等居住於土伯特與布魯克巴之間達嶺〔註65〕地方，等

〔註64〕允祿，原名胤祿，清聖祖第十六子，清世祖胤禛即位後，爲避名諱，改胤爲允。
〔註65〕達嶺，似應爲達隆，即今西藏洛扎縣之拉隆寺附近。

語。故此，暫令伊等在藏居住，以候聖旨。等語。查得，先噶畢董羅布喇嘛
與布魯克巴之諾顏璘沁齊類喇布濟結仇時，由貝勒頗羅鼐差員，傳諭聖主恩
威後，雙方俱皆和解歸順，嗣後，噶畢董羅布喇嘛故去後，因無統率其屬下
五城屬民之人，便均歸諾顏璘沁齊類喇布濟兼管，今噶畢董羅布之同族之子
阿旺布魯克巴等以倘若仍令伊等居住布魯克巴地方，諾顏璘沁齊類必念舊
仇，恐加害於伊等，懇乞令伊等居住邊界達嶺地方。等語，故此行文馬喇等，
照其所請，是否准居住達嶺地方或應居何處，如何安置給於生計等處，會同
頗羅鼐詳商定議具奏辦理等語。雍正十三年九月初四日奏入，奉旨，依議。
欽此欽遵行文前來。奴才等會同頗羅鼐詳商，頗羅鼐言，微臣降聖旨曉諭阿
旺布魯克巴等詢問時，該阿旺布魯克巴等告稱，原達嶺，達木桑〔註 66〕兩
地方低窪，生有樹木，可以種田，因與我布魯克巴地方相同，特此懇乞，仍
請將此兩處地方賞於我等。再先屢蒙文殊師利大聖主施恩賞賚，我等豈敢再
有奢望。若貝勒眷憐，會同大臣等商議後，何以賞賜我等，乃皆係大聖主之
恩等語。微臣頗羅鼐深思，阿旺布魯克巴等乃恐仍居住布魯克巴地方，諾顏
璘沁齊類喇布濟念及舊仇，加害於伊等而特來投靠大聖主，以求生存地方之
人，微臣意為，可照阿旺布魯克巴等所求，准其居住達嶺，達木桑地方，文
殊師利大聖主軫念伊等離開原籍前來，特加施恩，賞賜家業，每戶賞種田之
海駑克牛各兩頭，種田之種子青稞各五斗，麥子各五斗，滋生羊各十隻。又
微臣教誨帕里克哩城〔註 67〕兩第巴，宣諭大聖主撫恤之殊恩，各自感戴聖
主之恩，肥潤土地，勤耕細作，滋生牲畜，永圖安逸，遵紀守法，以至子孫，
承蒙聖主之恩。嗣後，布魯克巴事端平息後想是無事等語。查得，西藏物價，
每隻海駑克牛銀三兩。青稞，麥子每石銀一兩五錢。羊每隻銀三錢。故此，
奴才照貝勒頗羅鼐所告核計，阿旺布魯克巴等共計為一百戶人，應賞二百頭
海駑克牛需銀六百兩。一百石青稞，麥子所需銀兩一百五十兩。一千隻羊需
銀三百兩，共計需銀一千五十兩。俟降旨後，奴才等欽遵將所賞銀兩，由辦
理錢糧事務之道員楊史錄〔註68〕處支取，辦理賞賚。為此謹奏，請旨。

　　副都統臣馬喇。

　　副都統臣納蘇泰。

〔註66〕達木桑，待考。

〔註67〕帕里克哩城，即帕克哩。

〔註68〕楊史錄，即前文之楊世祿。

總兵官臣周其豐。

多羅貝勒臣頗羅鼐。

硃批，著照所議辦理報部。（《雍正朝滿文硃批奏摺全譯》頁二四九四）

二、（佚名）奏副都統馬喇等報於藏地安置阿旺布魯克巴摺

據副都統馬喇等奏稱，布魯克巴部嘎比棟羅布族子阿旺布魯克巴等，率六十餘人來藏告稱，先我等布魯克巴相互反目，以至拼命，欲仰賴皇上大聖主安逸生計而獻首，今我等喇嘛圓寂，我等所轄俗徒，俱交諾彥林沁齊雷喇布吉，著我等仍駐布魯克巴地方，又懼結仇恐致我等痛苦，請准我等駐於土伯特布魯克巴間達隆之地〔註69〕。等情，將伊等暫留藏地，候旨以駐。

竊查，先嘎比棟羅布喇嘛，布魯克巴之諾彥林沁齊雷喇布吉相互反目，貝勒頗羅鼐遣人，以皇上恩威曉諭，雙方俱已和好，後嘎比棟羅布喇嘛圓寂後，因未獲其所轄五城俗徒之頭人，俱由諾彥林沁齊雷喇布吉兼管。今嘎比棟羅布族之子阿旺布魯克巴等，著伊等仍駐布魯克巴地方，諾彥林沁齊雷喇布吉念舊仇，懼恐加害伊等，既然來請駐邊界達隆地方，行文馬喇等，照伊等所請，可否駐於達隆地方，或應駐何處，如何獲生業辦理等處，會同頗羅鼐詳加商定議奏辦理可也。

墨批，依議。（《雍正朝滿文硃批奏摺全譯》頁二六三三）

諾顏林沁齊壘喇卜濟赴藏瞻禮

乾隆元年，丙辰，四月壬辰，總理事務王大臣等奏言，布魯克巴部諾顏林沁齊壘喇卜濟咸戴皇恩，親至西藏，恭請聖安，獻珊瑚數珠一串，所部織緞五疋。伏思布魯克巴乃藏外極遠部落，林沁齊壘喇卜濟為其酋長，恭請聖安，奉獻表文，請以所進物，付部賞給如例外，加恩賜粧蟒各一疋，大緞三疋。得旨，依議，再酌賞玻璃器數事。（《清實錄》（乾隆）卷十七，頁四四九）

〔註69〕達隆之地，見注釋六五。

藏文史籍載頗羅鼐臣服布魯克巴

《頗羅鼐傳》載之臣服布魯克巴

南方林谷不丹，乃是天賜福地。百姓們推崇的大佛爺是貝・納若達巴〔註70〕的化身。但是真是假，則莫衷一是。有的說：「我們這位保護人，不是神聖的化身。」有的說：「我們十分敬信，這是無可置疑的。」

當地的首領名叫旺・帕卓，威鎮南方，百姓從命。他的話，別人不敢違抗。喇嘛上師，也由旺・帕卓自任。他長期耀武揚威地坐在獅子寶座上，使地方失去了安寧和幸福。老百姓不喜歡這位君王，不信任這位君王。這位君王對百姓們也不一視同仁，而且執法不公。那些徒有其名的出家人和沙門，嗜酒無度，就是入坐誦經，也都腰佩刀劍。他們不怕廝殺，行為粗魯。一個比一個厲害。全都是些怒氣衝衝，桀驁不訓的僧徒。他們根本不敬信上師。僧眾的頭目們，糾集一處，要殺害旺・帕卓。

旺・帕卓也有所覺察，於是帶著一些親信，走出扎西卻宗〔註71〕，佔據小城色頓倫孜。

南方不丹君王，執掌不丹政教，一貫把噶丹頗章的官員視為主要的惡敵，而噶丹頗章政府也針鋒相對。因此，歷代攝政藏王都在使用武力。但是那些地方，狹谷斷澗，行走艱難，必須越過許多險關隘口，密林裏又盡是猛獸，所以，總是無機可乘。到了旺・帕卓執行時，他飛揚跋扈，對誰也不信任，對人任意辱罵斥責，惡言詈語，恐嚇大家。過去，他對拉藏汗也是反唇相譏，因此，對噶丹頗章的攝政王很不友好，並且非常藐視。然而，正如俗話說的，投入敵人懷抱，請求保護。他竟派使者致書頗羅鼐王爺，言道：

　　我們內部，互相嫉妒，發生爭執。對方興師動眾，前來殺害我。
　現在，唯有您能保護我，別無他人。請仁慈地護持，賞活命之恩，
　賜救命之德。請派大軍，剿滅那些惡徒。

頗羅鼐王爺想到：「呵，世界上的事情，不可信賴，要以佛說為準，就像典故中說的。

　　敵人可成為朋友，朋友也會成敵人。

────────────

〔註70〕貝・納若達巴，梵文義為遍照光，吐蕃時期人，為三大譯師之一，來自今西
　　　藏尼木縣之巴果爾家族，吐蕃時期試驗藏人能否出家為僧之預試七人之一。
〔註71〕扎西卻宗，即扎西曲宗。

有的本來守中立，同樣也會變仇敵。

對於親戚和朋友，聰明人絕不留戀。

這位政教上的敵酋，手狠心毒，脾氣暴躁，宛如鱷魚。他現在向我們求救，看來，人世也太沒有意思了。然而，敵人投奔我們，總是好事。」

於是，回信道：「你這位南方首領，有大批財富，有無數臣民，而現在，喪權失財，一落千丈。你遭受災難，實在可憐。爲此，我能做好事，自然要做。你將高興，會感到幸福，不必恐懼。」

但是，南方君王旺·帕卓的權勢，就像快要燃燼的酥油燈，命運已經無法挽回。他被驅逐家門，開始逃跑。旺·帕卓已陷入困境。好似那老貓頭鷹，大白天走出窩來，祇得逃奔。所有的禽鳥，都可以在後面追逐驅趕，連弱小的燕子母子，也能驅趕很長的路程。就這樣，旺·帕卓父子逃出王宮。那些披著沙門外衣，不怕毀法滅教的人們，組成大軍，拼命追逐。南方庶民，對待君王旺·帕卓，就猶如更孜的一些王族貴胄一班，他們把幹掉自己恩人和善士的無恥之徒，推崇爲英雄。還大聲宣揚，殺父是最了不起的豪傑。就這樣，與旺·帕卓作對的喇嘛和營官，被捧爲政教的主宰。不久，這群不知因果報應的傢夥，嫉火中燒，像好戰的阿修羅一樣，開始打起仗來。

那時，善於制敵的頗羅鼐王爺，特意給不丹去了一些信。但信的內容，叫人敵友難辯，深不可測。

於是乎，以大喇嘛和屬於執政集團的人們爲一方，以喇嘛頓珠的噶畢部落爲另一方，雙方結下怨仇，爭吵不休，並將訴諸武力。噶畢方面多少有點膽怯，就派使者上書，向頗羅鼐王爺求援。頗羅鼐王爺寫信鼓勵，要他們不要沮喪。但是，王爺並不想調遣大軍前去救援。然而，處在遠方邊陲的首領們卻不明白信中的含義，想到：

呵，整個南方都要納入頗羅鼐王爺的統轄之下，這正是政教一統的大好時機。

於是，邊界的軍隊就急急忙忙開拔。雖然大軍壓境，一時把對方趕得四處逃散，但是，大大小小的智士和英勇的武士們，卻同心同德，盡力組成軍隊，傾力而戰。因此，噶畢軍隊和邊界的軍隊不能向前推進，祇好佔據巴卓的仁欽蚌巴宮和珠傑宗。對方的軍隊也在附近安營紮寨。

邊界的軍隊已經在進攻，不可能後撤了。如果不派援軍，眼看就得完蛋。於是，頗羅鼐王爺下令，派遣三位衛藏將軍和年堆的仲則巴·丹增洛雲率領少數軍隊和很少的蒙古兵丁去援救。他們毫不遲疑，宛如雄獅衝進象群，開

始廝殺起來。好似天將黎明，曙光驅散了黑暗一樣，對方向各自的陣地逃奔。有的雖然佔據了哲拉山頂的達貢格堡，但是，也被殺的逃的逃死的死。勝利的軍旗在迎風招展。

一時，菩薩心腸的人們，看到別人受苦受難，於心不忍，要努力消除困難。這是他們的天性。如同獨生子要掉進懸崖，母親萬萬不能撒手不管，要想法設法打救。無量光佛化身班禪活佛〔註72〕和昆氏大德〔註73〕派侍從們和高僧噶瑪巴・傑畏旺布師徒〔註74〕們來勸說頗羅鼐王爺，言道：

> 呵，王爺容稟。像犯了常人所犯下的業障，南方的國王和各個部落，互相嫉妒，全都起了邪心，起了嗔心，起了貪心，因此，發動了戰爭。大多數人都在受苦受難，遭受蹂躪。鄉村城鎮，狼煙四起，被火焚燒。莊稼沒有遭到什麼天災，卻也沒有收成。眾生在這人間地獄，受苦受難，於心何忍。所以，請王爺大發慈悲，允許我們來進行調解。

頗羅鼐王爺深受感動，言道：「決不違杵高僧大德的旨意，當一一遵命。將設法讓各地吉祥幸福，解仇息怨。」

於是，進行調解。最後，他們都說遵命，雙方不再對立，互相不再殘殺。並且，彼此也很融洽了。備戰時抓來的壯丁，全都放回家鄉。每到新年，不丹就派使者向文殊化身大皇帝和藏王頗羅鼐進貢致敬。又上書盟誓，說智者共鑒，永不相欺，並請三寶和諸護法神作證。各方首領也都在名單的後面簽字畫押。

這位南方新君延勒拉布吉〔註75〕將親叔叔策仁旺欽送來作為人質。由身前隨從簇擁，並且廣有財富，賽似財神的岡登喇嘛帶來向頗羅鼐王爺致敬。同時，權勢賽似遍入神，才智勝似大自在，手下智臣猛將雲集，彷彿被那天神簇擁似的帝釋似的噶畢・喇嘛頓珠，也前來致敬。

在西藏歷代達賴喇嘛和歷屆藏王時期，對於不丹，有時候傾力備戰。有時候友好往來，立約講和。有時候各自為政，既不尋釁，也不信任。沒有尋機威脅對方。現在，用不著大動干戈，託頗羅鼐王爺的洪福，就輕易地把他們降服了。

〔註72〕無量光佛化身班禪活佛，指第五世班禪額爾德尼羅桑耶歇。
〔註73〕昆氏大德，即薩迦喇嘛，因薩迦派為家族傳承，其家族即昆氏。
〔註74〕高僧噶瑪巴・傑畏旺布師徒，見注釋七。
〔註75〕新君延勒拉布吉，即諾彥林親齊類拉卜濟。

南方的王臣百姓都眞心誠意地讚頌，發誓說：「請予保護。願爲你的臣民。」他們傾其錢財，欣然設下供雲，叩拜蓮花寶座，佛法白傘，就是在敵人的國土上，也要留下慈悲的蔭影，美名遠揚，宛如大鼓響徹三域，這眞是多麼的美好。詩曰：

> 千輻金輪走在前，輪王七寶威力大。
> 我王爺所到之處，刀斧叢中寒光閃。
> 用不著一場惡戰，四洲咸服皆稱臣。
> 雪域王爺福氣大，並沒有妄動干戈。
> 對方完全被懾服，竟如此溫文爾雅。
> 再三再四地言道：唯獨王爺是救星。
> 就在這個世界上，四軍做好了準備，
> 有能力征服對方，值得大聲地稱讚。
> 然而祇要有福氣，敵人就俯首貼耳。
> 美妙動聽的歌聲，怎麼不充滿人間！

南方兩位君王稱臣，請求保護。東方大皇帝恩賜了許多昂貴的綢緞和大筆白銀。頗羅鼐王爺也送了豐厚的回禮。他倆心滿意足。

雖說這南方地域，是昔日飲血金剛向大經師阿旺朗巴吉瓦〔註76〕所授記的一處堪可稱頌的地方，但是，這地方上的人卻十分野蠻，不明事理，不信四諦和因果報應。連出家人，甚至受了近圓戒的僧侶，也都肆無忌憚，打仗，飲酒，是毀佛滅法的勇士。首領執法不公，百姓敢於謀殺首領。因此，地方不寧，日益紊亂。行凶作惡，貽害無窮。雖然進行調解，並且簽立條約，但是，內部不和，間或，不丹的政教君主延勒拉布吉攻打噶畢。間或，噶畢方面攻打不丹君主延勒拉布吉。現在，西藏派專使來進行調解，因爲害怕而備戰的噶畢，最先請求保護，如今多少解除了顧慮。於是，對東方大皇帝和威震雪域的頗羅鼐王爺，畢恭畢敬，十分信賴，並且派侍從前來進貢。俯首聽命，直至今日，一時傳爲美談。(《頗羅鼐傳》頁三七九）

《噶倫傳》所載之臣服布魯克巴

也就在這個時候〔註77〕不丹政府及其內部的噶貝二者不和，南方發生動

〔註76〕大經師阿旺朗巴吉瓦，即一六一六年流亡布魯克巴而統一其部之阿旺朗吉。
〔註77〕這個時候，指雍正九年，藏曆第十二饒迴鐵豬年，西曆一七三一年。

亂。欽差大臣郭老爺和我兩人被派去進行調解，一直走到娘曲河上游東岸與江孜之間。委託貝貢塔爾汗及和滿唐巴二人派去不丹各地進行調解，使雙方獲得和解，雖然難以相信今後會和好下去，但暫時已居於安樂之處，我們完成使命，回程路經扎什倫布時，使我有機會拜見班禪大師，不久，我回到了拉薩。（《噶倫傳》頁十八）

乾隆五十年布魯克巴部長承襲與請敕清廷

乾隆時期木蛇年（乾隆五十年，一七八五年）。

南方不丹第司〔註1〕向最高上下怙主〔註2〕進獻年貢的代表也照例送給我〔註3〕新年禮物。不丹第司已經年邁，身體欠佳，故欲退位閒住。不丹王子〔註4〕已在內部即位。來信要我幫助貢使設法請駐藏大臣〔註5〕稟奏大皇

〔註1〕 不丹第司，即《現代不丹》一書所載之布魯克巴第十八任第巴吉格梅·辛吉，乾隆四十一年至乾隆五十四年任職。

〔註2〕 最高上下怙主，怙主意即保護神，此處之最高上下怙主指清帝和達賴喇嘛。

〔註3〕 我，即《多仁班智達傳》一書之作者丹津班珠爾，其家族爲西藏著名之貴族，與康濟鼐爲同一家族，《欽定外藩蒙古回部王公表傳》列有其家族封爵之傳記。康濟鼐之兄名喀錫鼐色布登喇什，追授一等台吉，其子二，長噶錫巴納木扎勒色布騰，次班第達，喀錫鼐色布登喇什卒，噶錫巴納木扎勒色布騰襲台吉爵，雍正九年晉輔國公，噶錫巴納木扎勒色布騰卒，弟班第達襲輔國公爵，娶頗羅鼐女，權勢日盛。珠爾默特納木扎勒亂被誅，班第達出而平之，時駐藏大臣有許其爲藏王之諾，及亂平，清高宗廢除藏王制，於班第達多獎諭與訓誡以除其慾得藏王之意，設四噶布倫平行辦事，班第達即其一，實爲諸噶布倫之首，丹津班珠爾即班第達子或孫，班第達年老退位，丹津班珠爾繼任噶布倫，乾隆五十三年廓爾喀侵藏之時，親往邊界與廓爾喀談判並簽約，五十四年赴邊界續與廓爾喀交涉之時被停，至五十六年福康安率師擊廓爾喀之時釋歸，未許入家門解赴京城以查廓爾喀侵藏及簽約之責，著《多仁班智達傳》，此書爲班第達及丹津班珠爾時期西藏歷史之極其珍貴之資料也。

〔註4〕 不丹王子，似即《現代不丹》一書所載之布魯克巴第十九任第巴竺克·滕金，乾隆五十四年至乾隆五十六年任職。

〔註5〕 駐藏大臣，清季，藏地於康熙五十九年大兵定之，駐藏大臣始設於雍正五年，多爲二人，一稱欽差駐藏大臣，一稱幫辦大臣，首任爲僧格，瑪拉，末任爲

帝，清廷依例賞給額爾德尼第巴名號，頒賜詔書和璽印。於是覆以二十四偈的《杜〔註6〕鵑歌音》，並立即分別呈送各處。（《多仁班智達傳》頁二二五）。

聯豫，清末聯豫曾奏請將幫辦大臣裁撤，置左右參贊。清制，駐藏大臣與達賴喇嘛，班禪額爾德尼平行，相互之行文用詞爲譯咨。此處之駐藏大臣爲留保柱，蒙古正白旗人，乾隆五十年至五十二年第二次任駐藏大臣。

〔註6〕原文作村，今改杜。

－124－

乾隆五十六年廓爾喀侵藏戰爭中之布魯克巴

　　乾隆三十四年之前，今尼泊爾境內為部落散佈之地區，今加德滿都谷地有三主要部落，分別為布顏罕住末作城，葉楞罕住莽哈巴哈城，庫庫木罕住吉拉蘇拉魚卜城，該三部信奉佛教，與唐古忒素來敦睦，該三汗於雍正十年遣使來藏通好，清世宗並賜敕書，尼泊爾稱之為馬拉王朝，此外今尼泊爾境內小部落不下三四十處，若二十二小國，二十四小國之稱謂。廓爾喀本今尼泊爾部落之一，自現代尼泊爾疆域締造者普里特維納拉揚誕生，此後廓爾喀迅速崛起，先滅加德滿都谷地三王國，確立於尼泊爾之統治，此後四處擴張，侵吞西藏之屬部哲孟雄，宗木，作木朗，羅等部落，與西藏之關係日惡。其時西藏所用錢幣為由西藏供給銀錠，馬拉王國所代鑄，馬拉王國摻入銅質甚多，及至廓爾喀滅馬拉王朝，鑄以純銀錢幣，交涉西藏改用新幣，並以一比二之比率兌換之，西藏拒絕之。時第六世班禪之家族皆為大活佛，除第六世班禪外，其弟為噶瑪噶舉派著名活佛第十世紅帽活佛，清代史料稱之為沙瑪爾巴呼圖克圖，其兄仲巴呼圖克圖為札什倫布之強佐，即大總管。仲巴呼圖克圖並隨第六世班禪入覲清高宗，仲巴呼圖克圖與沙瑪爾巴不睦，沙瑪爾巴入廓爾喀，從中撥弄，致使廓爾喀於乾隆五十三年入侵後藏轟拉木，濟隆兩邊邑，清高宗先命成都將軍鄂輝，四川提督成德率軍入藏剿除之，後遣曾駐藏學習藏語文之兵部侍郎巴忠入藏辦理此事，鄂輝，巴忠竟同意並指示甘丹頗章與廓爾喀訂賄和條約，許甘丹頗章年給三百元寶以換取廓爾喀之撤軍，並謊報廓爾喀畏威投誠，並誘廓爾喀遣使入京朝覲清高宗，清高宗並列廓爾

喀爲藩屬。此事之後，清高宗整頓藏政，重新任命掌辦商上事務，命噶勒丹錫呼圖呼圖克圖二次入藏掌辦商上事務，並重新任命駐藏大臣，此掌辦商上事務及駐藏大臣入藏後皆知賄和之實情，然隱匿不報，但拒絕繼續付給廓爾喀三百元寶，廓爾喀索而被拒，遂於乾隆五十六年二次入侵後藏，佔據濟隆，轟拉木等處，第七世班禪避居拉薩，仲巴呼圖克圖逃，廓爾喀遂搶掠札什倫布而去，及至消息傳至承德避暑山莊，巴忠驚懼投水而死，清高宗震怒，遣福康安，海蘭察率師入藏剿滅廓爾喀，福康安並有檄文哲孟雄，作木朗，宗木，布魯克巴，披楞即入侵印度之英國人協助剿滅廓爾喀之舉，然爲布魯克巴婉絕之，爲此福康安怒之並有遣兵入布魯克巴而命西藏直轄之語，爲八世達賴勸阻之，後布魯克巴以協助廓爾喀進貢象隻以爲關係之緩和。布魯克巴之所以婉拒福康安協助清軍剿滅廓爾喀，《清代西藏與布魯克巴》一書羅列藏文史料可知布魯克巴世與廓爾喀交好，布魯克巴於廓爾喀並保有廟宇土地，福康安不解此情，致有布魯克巴婉拒之舉。

布魯克巴婉拒福康安協剿廓爾喀之要求

乾隆五十六年十一月十五日，朕已思得一計，從前巴勒布本有三部落，俱爲科爾喀兼併，並聞將其三罕幽禁地牢，巴勒布人等雖一時畏其強橫，俯首聽從，絕不甘心從服，福康安到藏後，即設法曉諭巴勒布人等，以爾等本各有部落，與科爾喀不相統屬，因科爾喀恃強逞暴，將爾等部落吞併，恣意欺虐，爾等力屈受制，任其魚肉已非一日，今科爾喀於上年得受天朝封號，膽敢反覆無常，侵擾衛藏，實爲叛逆不法，自速滅亡，現在本將軍統率官兵聲罪致討，即日擒渠搗穴，自當殲戮無遺，玉石俱焚，爾等素受欺凌，遭其荼毒，若趁此大兵壓境賊匪窮蹙之時，爾等爲我先驅，奮勉引導，乘機截殺，既可泄平日受欺忿恨，將來剿滅科爾喀後，又可復爾等舊有部落，並又得科爾喀疆土，轉禍爲福之大機會，如此明白宣諭，曉以利害，巴勒布等人心思舊，自必踴躍樂從，爭先助剿，此以賊攻賊之策，於進剿機宜實爲事半功倍。（《廓爾喀紀略輯補》卷八，轉錄自《清代西藏與布魯克巴》頁一四三）。

乾隆五十七年三月戊寅，諭軍機大臣等，福康安奏，附近廓爾喀之布魯克巴，作木朗，披楞三處部落，業經檄令發兵攻賊。又西藏帕克哩邊外哲孟雄，宗木等部落，見與廓爾喀打仗，將該二處地方收回，並諭令該部落乘勝直搗賊巢等語。布魯克巴等部落既與廓爾喀不睦，經福康安檄諭，令其攻剿，

不過如治病偏方，藉以牽綴賊勢，原非仗其兵力為搗穴擒渠之計，即欲用以攻剿賊匪，亦必俟大兵深入賊境，預約各部落同時進攻，使贓匪猝不及防，方為得力，乃福康安於大兵未集之前，即檄諭前往剿殺，實屬失之太早。嗣後遇此等緊要軍機，必當熟思審處，慎之又慎。至所稱帕克哩營官番眾將哲孟雄，宗木收復，福康安俱加獎賞等語。營官番目等將遠年被占之地，大半收復，尚屬奮勉，著福康安傳旨，再行酌量賞賚，並曉諭該營官番目等，大皇帝聞知爾打仗奮勇，奪回廓爾喀侵佔之地，特再加恩賞賚，俾伊等益知感奮圖報也。(《清代藏事輯要》頁二七六)

乾隆五十七年三月十五日甲申，福康安奏言，伏思廓爾喀賊匪以邊外小番，藉端搆釁，迭肆滋擾，反覆無常，此次大舉進攻，必須永除後患，臣自奉命督師以來，凜遵訓示，曉夜籌思，到藏後預行訪探賊情，設法辦理，一俟大兵齊集，即可乘機深入，綏靖邊隅，查得賊匪廓爾喀地本褊小，巴勒布三部落均在廓爾喀之東，自乾隆三十二三年間賊匪吞併陽布，若囊，廓庫木，擄其部長，遷居陽布，益肆強橫，將廓庫木東面記拉部落，廓爾喀西面拉木宗等二十四部落以次蚕食，較之原舊地方，加至數倍，而與後藏連界，地方惟聶拉木，濟嚨兩處為要路，據鄂輝等查明賊巢至聶拉木十一站，至濟嚨十三站，山徑險仄，別無他路可通，賊匪已於要隘地方築卡拆〔註1〕橋以為負嵎固守之計，現在兵力未齊，若輕率前進，恐似鄂輝等攻取聶拉木寨落，稽延時日，若賊匪乘間竄入深山，一時轉難剿捕，自應欽遵諭旨，姑以檄諭誘降，令將沙瑪爾巴等獻出，寬其一線，總俟兵力厚集，出其不意，奪據險隘，奮勇前進，斷不敢稍存畏難之見，至唐古忒怯懦性成，所言賊匪橫暴情形，原不足據，惟賊匪狡黠異常，一見大兵壓境，希圖遠竄他處逃生，而沙瑪爾巴等自知罪惡貫盈，亦不敢束身歸命，若不預杜逃竄之路，根株未絕，究恐故智復萌，臣查賊境四至地方，東西極寬，南北稍狹，東與哲孟雄，宗木，布魯克巴接界，西與作木朗接界，南距甲噶爾，北面即連後藏邊境，臣已檄諭哲孟雄，宗木，布魯克巴，作木朗及南甲噶爾之披楞等處協力堵截，派副將達音泰親至布魯克巴部落督令發兵擊賊，為我先驅，哲孟雄，宗木兩處業已打仗殺賊，攻取地方，復據補仁營官洞牒稟報，探得作木朗現在糾約拉保等五處部落進攻賊匪邊界，如布魯克巴，披楞等處亦遵奉檄諭，併力夾攻，則廓爾喀東西南三路皆有番兵截殺，我兵從聶拉木，濟嚨進剿，賊匪四面受敵，

_____

〔註1〕原文作折，今改正。

勢必難支，即使當窮蹙之時，已杜其竄逸之路，臣現擬設法招致巴勒布三部落並賊匪佔據之記拉部落，拉木宗等二十四部落番眾，各令報復私仇，悉為我用，今奉諭旨，即當敬謹宣示，剴切曉諭，使巴勒布等部落聞知，銜結恩施，益當感激奮興，共思滅賊，於剿捕機宜實有裨益。（《欽定廓爾喀紀略》頁三七九）

乾隆五十七年四月辛丑，又據奏，附近廓爾喀之哲孟雄，宗木，作木郎，布魯克巴，披楞等部落，前經福康安檄諭，令其發兵擊賊，為我先驅，今仍各守地界逗留不進等語，此事據福康安奏到時，朕即以辦理失之太早，節經降旨飭諭，今福康安察看各部落情形，大率觀望遲疑，莫能先發，各處番兵，恐不能恃以集事，果不出朕之所料，此等附近廓爾喀各部落，素被賊匪欺凌，若見大兵進搗巢穴，聲勢壯盛，自必乘賊匪窮蹙，協力攻剿，藉以報復私仇，乃福摩安於大兵尚未齊集之時，檄諭各部落發兵協剿，則該部落等誰肯先與賊匪為難，其觀望不前，心持兩端，自係必然之理，節降諭旨甚明，福康安何始終未見及此耶。（《清代藏事輯要》頁二七七）

布魯克巴協助廓爾喀進貢象隻

拉特納巴都爾擒獻沙瑪爾巴妻室策旺拉木及女喇嘛策旺產珠。

乾隆五十七年七月二十五日拉特納巴都爾謹稟，如天覆育，如日月照臨大皇帝欽差大將軍麾下，小的部落搶掠札什倫布，自當遵奉檄諭，將搶掠各物件全行繳出，小的部落的兵上年自後藏回來，干犯天譴，凍死的很多，沿途就有遺失，還有頭人兵丁私自隱藏下的，小的曾把隱藏偷竊的收禁，漢兵王剛是知道的，交到陽布物件實在祇有這些，元寶銀兩除融化銀錢花用外，現在還存些，今將銀兩物件查點齊全，俱都送出來了，求大將軍查驗，廓爾喀因擅搶後藏，已犯重罪，若再敢隱瞞一件，更是自尋死路，還求大將軍詳察。再小的真心歸順天朝，如蒙加恩寬免，不但小的性命是大皇帝饒的，就是所有地方，都是大皇帝賞的，頭人百姓的命，都是大皇帝矜全的。現在備辦表文貢物，就差大頭人等進京請罪謝恩，瞻仰大皇帝天顏。所有貢物，小的不知道天朝規矩，恐有錯誤，又因偏僻小地方，沒有出產的好東西，一點恭敬畏懼的心，不能表出。所有廓爾喀的樂工，又有象五隻，番馬五匹，是小的地方很難得的，如今貢物一併預備下了，不知道許進不許進，懇求大將軍施恩，分付差來的塔曼薩野，如蒙允准，即同各方物一併恭進。這一路大

山難行，象隻馬匹未能出來，祇好繞行平坦地方，多走些路，由別部落送到藏裏，不敢違誤。再沙瑪爾巴的女人策旺拉木，前於中途逃匿，茲已緝獲，同跟隨之女喇嘛策旺彥珠，一併鎖押出來。七月二十五日具稟。（《衛藏通志》卷十三中，頁七一四）

　　乾隆五十八年三月辛丑，諭軍機大臣等，福康安等奏，廓爾喀進貢象隻，馬匹在途行走情形各摺，據稱廓爾喀進貢象馬，因哲孟雄，宗木道路難行，繞由巴爾底薩雜哩部落行走，布魯克巴等俱派人護送，並預備草料餵飼等語。布魯克巴部落見廓爾喀進貢象馬經過該處，即派人護送供支，極爲恭順，而巴爾底薩雜哩部落，向來未通聲教，亦能派人照料供支，尤爲馴謹可嘉。著賞給大荷包一對，小荷包四個，蟒緞四疋，以示嘉獎。計此旨到時，若福康安已經起身，即著和琳將賞賜物件頒給，至廓爾喀所進象馬，經福康安遵旨，分賞達賴喇嘛，班禪額爾德尼各一隻外，其餘象隻馬匹，若由察木多，打箭爐一帶進京，未免道路嶔崎，福康安等請在前藏暫行餵養，候四月間水融草長時，派員由青海一路緩程由西寧進口，適與朕意相合，自應如此辦理。（《清代藏事輯要》頁三四四）

善後事宜之關涉布魯克巴者

　　乾隆五十七年廓爾喀遞表投誠，清廷列爲藩屬，定制五年一貢，廓爾喀侵藏之事平定，清高宗命整理藏政，於藏政變革極多，若金瓶掣籤各大呼圖克圖，常設三千藏軍等等不一而足，而關涉布魯克巴者則有甘丹頗章與布魯克巴間鄂博之堆設，布魯克巴進貢西藏之相互行文皆須駐藏大臣寓目，甘丹頗章與布魯克巴邊界之稽查與貿易之限制，此舉似乎於減少不測事件多有裨益，然實於藏布間之交通實多窒礙也。

　　謹案，自乾隆五十八年，欽定章程及大臣奏議，均已分載各門。謹遵照原案，纂成條例，匯爲一門，以便檢查。

鎮撫

　　一，駐藏大臣督辦藏內事務，應與達賴喇嘛，班禪額爾德尼平等。自噶布倫以下番目及管事喇嘛，分系屬員，事無大小，均應稟明駐藏大臣辦理。至札什倫布諸務，亦俱一體稟知駐藏大臣辦理，仍於巡邊之便，就近稽查管束。

一，達賴喇嘛，班襌額爾德尼之呼畢勒罕，以及前後藏大小呼圖克圖之呼畢勒罕，察木多，類烏齊，乍丫，薩喀，西寧等處呼圖克圖之呼畢勒罕，一經呈報出世，指出數名，均由駐藏大臣將其姓名生年月日，用清漢唐古忒三樣字繕寫牙籤，貯于欽頒金本巴瓶內，先期傳喚喇嘛齊集大昭誦經七日，屆期駐藏大臣親往監同抽掣。

一，前後藏遇有噶布倫，戴琫，商卓特巴以下大小番目等缺，統歸駐藏大臣會同達賴喇嘛揀選，分別奏補揀放。其達賴喇嘛，班襌額爾德尼之親族人等，概不准干預公事。

一，大寺坐床堪布喇嘛缺出，俱由駐藏大臣會同達賴喇嘛秉公揀選，給予會印執照，派往主持。其餘小寺堪布喇嘛，聽達賴喇嘛自行揀補。

一，達賴喇嘛所管大小廟宇喇嘛名數，開造清冊，及噶布倫所管衛藏地方，各呼圖克圖所管寨落人戶，一體造具花名清冊，於駐藏大臣衙門及達賴喇嘛處各存一份，以備稽查。

一，藏內喇嘛前往各外番朝山禮塔者，由駐藏大臣給與照票，限以往還日期，回藏之日，仍將照票繳銷，不得逗留邊外。如有潛行私越者，即行究治。

一，外番人等來藏布施瞻禮者，由邊界營官查明人數，稟明駐藏大臣，驗放進口，事畢後查點人數，發給照票，再行遣回。

一，廓爾喀，布魯克巴，哲孟雄，宗木等外番部落，如有稟商地方事件，俱由駐藏大臣主持。其與達賴喇嘛，班襌額爾德尼通問布施書信，俱報明駐藏大臣，譯出查驗，並代為酌定回書，方可發給。至噶布倫等不得與外番私行發信。

一，青海蒙古王公等差人赴藏，延請通習經典喇嘛赴該游牧地方誦經教經者，俱由西寧等處大臣行文來藏，再由駐藏大臣給與執照，並咨明西寧辦事大臣，以資查考。

一，駐藏大臣每年五六月間奏明，輪流一人前往後藏巡視邊界，操閱番兵，所用烏拉人夫，俱自行給與價值，不得擾累番民，以示體恤。

一，駐藏大臣衙門向例設有唐古忒通事譯字二名，今增設廓爾喀通事譯字二名，共四名，每名每日給口糧銀六分四釐三絲九毫。另派唐古忒番民三四名，令其學習廓爾喀番語字跡，以備將來補充。

一，廓爾喀在藏學習漢字學生四名，沒人每月支給口糧銀五兩，由商上

發給。（《衛藏通志》卷十二，頁五三六）

　　乾隆五十八年七月，駐藏大臣工部尚書都統和琳，副都統成德具奏查閱帕克哩，定結各卡隘情形，有噶爾達地方卡隘二處，一名薩迦嶺，一名春堆，此二處均與廓爾喀相通，又定結地方卡隘一處，名擢拉山，此處與廓爾喀，哲孟雄相通，又帕克哩地方卡三處，一名哲孟山，與布嚕克巴相通，一名哈爾山，與布嚕克巴小路相通，一名宗木山，與宗木相通。以上卡隘六處，均歸江孜前後藏大道，為總匯要隘，臣成德親赴各處，逐一查勘，俱極嚴密，所有臣成德回藏日期及查閱情形，理合會銜具奏。奉硃批知道了。欽此。（《衛藏通志》卷十二，頁一）

嘉慶十三十五年駐藏大臣兩次匿奏
布魯克巴請授王爵被懲

　　清代史籍於此兩次請封王爵之事記載甚略,《清代西藏西與布魯克巴》一書據清宮檔案稍補事件之始末,事關布魯克巴請封王爵而竟匿不奏聞,比之乾隆年間駐藏大臣匿奏廓爾喀與西藏之搆釁,致使廓爾喀兩次侵藏事件,可知駐藏大臣之賢能與否與藏地及其屬部之安危,關係甚重也。

　　嘉慶十六年。辛未。十二月己未。諭內閣,陽春〔註1〕,慶惠〔註2〕奏,嘉慶十三年內,布魯克巴部長喇嘛曲扎〔註3〕,懇恩賞賜王爵,寶石頂,花翎,敕書印信等件,彼時經文弼〔註4〕駁飭不准,嗣十五年內,喇嘛曲勒〔註5〕接管部長事務,改請賞給諾們汗名號,又經文弼,陽春咨駁,兩次駁飭之時均未入奏,茲據實查明奏聞等語。布魯克巴部落。自雍正年間投誠時。賞賜額爾德尼第巴名號。嗣後接充部長。俱仍前號。並無更易。今該部長曲扎,曲勒,僭越妄求。該大臣等自當一面駁飭。一面奏明請旨。何得僅以咨覆了事。

〔註1〕 陽春,庫雅拉氏,滿洲正白旗人,嘉慶十四年至十六年任駐藏幫辦大臣,嘉慶十六年至十七年任駐藏辦事大臣。
〔註2〕 慶惠,滿洲正白旗人,嘉慶十六年至十七年任駐藏幫辦大臣。
〔註3〕 布魯克巴部長喇嘛曲扎,《清代西藏與布魯克巴》載爲布魯克巴第二十五任第巴,名白瑪曲扎,在位年嘉慶十三年至十四年。
〔註4〕 文弼,滿洲正紅旗人,嘉慶十年至十三年任駐藏幫辦大臣,嘉慶十三年至十五年任駐藏辦事大臣。
〔註5〕 喇嘛曲勒,《清代西藏與布魯克巴》載爲布魯克巴第二十八任第巴,名意喜堅贊,嘉慶十六年至二十年任職。

匿不奏聞。甚屬舛誤。文弼始終未經具奏。著交部加等嚴加議處。即回京候議。陽春具奏已遲。且此時必係因慶惠到彼查出。始行聯名入奏。著照所請，交部嚴加議處。慶惠雖經查出具奏。伊到任已經數月，其自請交部議處之處。著改爲察議。尋議，文弼革職。陽春降三級調用。慶惠罰俸一年。從之。（《清實錄·嘉慶》卷二百五十一，頁三九六）

嘉慶十七年布魯克巴與藏人之毆鬥
駐藏大臣顢頇審辦與革職懲辦

　　清代史籍於此次布魯克巴遣使西藏進貢而引起之鬥毆事件記載甚略,《清代西藏西與布魯克巴》一書據清宮檔案補事件之始末,知此事前後遷延爲時不短也。比之請受王爵匿奏事件,知此時期之駐藏辦事大臣實多顢頇無能之輩,辦事乖謬,前後兩次事件駐藏大臣亦受懲革職也。

　　嘉慶十七年。壬申。三月庚寅,上詣元靈宮,永慕寺行禮,諭內閣,前據陽春等奏,布魯克巴頭人等,因貨物進關漏稅。經帕克哩營官查詰。有策忍敦柱,輒同跟役郭結,卜瓊等,將正副營官揪毆。經伊等訊供。將該頭人等問擬斬梟斬決具奏。部議上時。業經降旨發往。旋又據陽春等奏到,接據布魯克巴部長〔註1〕來稟,稱營官先持刀向戮。該番民始行抵格。請免治罪。因查陽春等初次奏摺。並未將營官持刀一節聲敘。似有意偏袒營官。辦理不公。隨又特降諭旨由五百里發去。令瑚圖禮〔註2〕等再行詳查起釁根由。其策忍敦柱等三人暫緩辦理。本日召見松筠〔註3〕,諭及此事。據松筠奏,向來布

〔註1〕 布魯克巴部長,據《現代不丹》一書載,此時期之布魯克巴第巴爲喬勒‧土爾庫‧葉希‧加爾增,嘉慶十一年至二十年任職。
〔註2〕 瑚圖禮,完顏氏,滿洲正白旗人,嘉慶十六年至十九年任駐藏辦事大臣。
〔註3〕 松筠(一七五二～一八三五年),姓瑪拉特氏,字湘圃,蒙古正藍旗人。嘉慶年間官至武英殿大學士,曾任軍機大臣,兵部,禮部尚書。乾隆五十九年至嘉慶四年任駐藏辦事大臣,松筠任駐藏辦事大臣之期,恰爲廓爾喀侵藏之後,西藏戰亂甫平,瘡痍滿目,松筠於藏務多所振興,擅寫作,關心文教,關於藏地之著作有《巡邊記》《西招紀行詩》《丁巳秋閱吟》《綏服紀略》《西招圖

魯克巴進藏貨物，例不上稅，節經禁革有案，並稱營官等均係唐古忒充當，向來外夷人等，與邊地營官及唐古忒等，鬥毆致斃，均依各部落土俗治罪，並准收贖罰付死者之家等語。此案陽春等所奏策忍敦柱等逞兇治罪根由。係因漏稅而起。若向來既不收稅。豈能加以漏稅之咎。竟是該營官等勒索肇釁。陽春等不將營官滋事之處，據實查辦。以服夷情。轉稱該頭人抗稅起釁。且彼時既據跟役干扎喜有營官先用刀向戳之供。摺內全不敘及。其檄諭該部長文內，亦不敘明。以致該部長具稟申辯。再營官被毆之傷。亦未驗明輕重。案內緊要情節。伊等均一味含糊。不加詳訊。顯係偏聽枉斷。案情多不確實。至外夷與唐古忒鬥毆之案。既有舊例可循。伊等又何以不行查明。輒將策忍敦柱等三人問擬重辟。陽春、慶惠二人辦理此事。欺隱舛謬。糊塗不堪。厥咎甚重。著交部嚴加議處。即來京聽候部議。尋議，陽春、慶惠均照溺職例革職。從之。（《清實錄‧嘉慶》卷二五五，頁四四八）

略》，均為藏地史地之珍貴史料，其中《西招圖略》為藏地珍貴之地圖，較之《大清一統志》之西藏地圖完備多矣。

同治三年英侵布魯克巴與西藏暗助布魯克巴 派員息兵和議與領土之喪失

英國自乾隆年間侵有印度各國後即蠶食西藏各屬部，及至乾隆年間，英東印度公司介入布魯克巴與其屬部庫齊比哈爾之衝突，助庫齊比哈爾擊敗布魯克巴，第六世班禪從中調解之，簽訂乾隆三十九年（西曆一七七四年）英布條約，英東印度公司割併布魯克巴之屬部庫齊比哈爾，並遣使入後藏班禪處施行其通商以侵地之故伎，然清廷顢頇不查，於域外情形多懵懂無知，漢文史料於此次之英寇侵藏屬部落至今未見記載。《清代西藏與布魯克巴》於此次英寇侵布魯克巴以藏英文史料稍補充之。此次同治三年起之英寇侵略布魯克巴，時駐藏大臣景紋之奏稿多有記載，然《清代西藏與布魯克巴》言景紋之奏摺所述西藏暗助布魯克巴在布魯克巴與英印簽約之後，令人疑為景紋之捏報邀功之舉，此點待考之。

一、布魯克巴與披楞交戰藏地已於邊境妥為防禦摺

（附上諭　同治四年四月辛丑）

同治三年十二月十六日，准達賴喇嘛〔註1〕咨稱，據江孜值班戴琫稟，據帕克里營官遞到哲孟雄部長〔註2〕來稟，披楞已將布魯克巴所屬甲昔〔註3〕地

〔註1〕達賴喇嘛，指第十二世達賴喇嘛成烈嘉措（一八五七～一八七五年），咸豐八年經金瓶掣簽為第十一世達賴喇嘛之轉世靈童，咸豐十年坐床為達賴喇嘛呼畢勒罕，同治十二年接掌政事，光緒元年突然病逝，是為短壽之四位達賴喇嘛之最後一位。

〔註2〕哲孟雄部長，此即《山頂王國錫金》一書所載之哲孟雄第八任部長西德凱翁，

方占奪，布魯克巴擬即備兵追取甲昔。又有駐紮奪結地方薩海託遞藏中書信一封，因係外國書信，不敢違犯欽定章程，當即退回，故未遞藏。是以鈔錄各信，及所擬暗為防範事宜，咨請核覆。奴才等查披楞與布魯克巴構兵，本無干於西藏，但哲孟雄，布魯克巴皆為西藏南方屏障，設或事出意外，藏屬邊界人民竟成束手待斃，爰准如擬，即以派兵赴瞻對〔註4〕為名，責成江孜戴琫，並附近邊界各營官，及時調集土兵，認真操練，庶內可以固藩籬，外可以免疑忌，迨咨令飭辦後。又據布魯克巴頭目終薩奔洛〔註5〕稟報，披楞又奪去布屬巴桑卡〔註6〕及棟桑〔註7〕等處地方，亦經達賴喇嘛鈔送原稟及所擬覆信底稿前來。甫行核覆，而布魯克巴掌教沙布嚨〔註8〕，又專差來藏，與達賴喇嘛呈稟，並噶廈等處信。又云兩家交戰，彼此各多傷亡兵目情形，並求唐古特於兵目財帛三項內須幫助一項，以好堵禦披楞。且披楞頭目面言，要借路赴藏通商，亦將原來稟信及覆信稿咨請核奪。復經奴才等詳細指示妥辦各在案。伏思披楞即英國，既與我國和好，而唐古特番眾又不願彼國之人至藏貿易傳教。今據哲孟雄，布魯克巴同稱，該國必欲借布魯克巴道路赴藏，虛實雖未立判，究非尋常蠻觸相爭可以置之不理。飭唐古特照前擬妥為防範，仍密探情形，隨時稟報，以憑轉奏。

　　諭軍機大臣等，滿慶〔註9〕等奏，披楞聲言借路赴藏。與布魯克巴構兵。

　　　咸豐十一年至同治十二年（一八六一～一八七四年）在位。

〔註3〕甲昔，為布魯克巴西南與英印接壤之地區總名，包括今日印度佔據之噶倫堡，白棟等地。

〔註4〕瞻對，即今之四川新龍縣一帶，清代為上中下三瞻對，康區土司之一，民風強悍，屢為亂，擾周邊諸土司，自雍正年起清廷屢用兵於此，然旋平旋叛，咸同軍興，瞻對工布郎結又亂，同治四年川藏合兵剿平之，甘丹頗章索兵費三十萬兩，川中府庫竭厥，奉旨歸西藏管轄，故此處有以派兵赴瞻對為名之語。

〔註5〕終薩奔洛，即稱之為黑面部長者，《現代不丹》一書所載其名吉格梅·納姆加爾，咸豐三年起任終薩奔洛。同治九年至十三年任布魯克巴第巴，為烏堅汪曲之父。《清代西藏與布魯克巴》載其名晉美南傑（一八二五～一八八一年）。

〔註6〕巴桑卡，與庫奇比哈爾接壤之布魯克巴一地名，今多譯名布華山口（Buxa）。

〔註7〕棟桑，在噶倫堡附近之布魯克巴一地名，待考。

〔註8〕布魯克巴掌教沙布嚨，據《現代不丹》一書載當為阿旺·吉格梅·喬加爾（一八六二～一九○三年）。

〔註9〕滿慶，於咸豐五年正月乙亥自巴里坤領隊大臣賞副都統銜任駐藏幫辦大臣，七月擢鑲白旗漢軍副都統，閏五月乙未赫特賀以病解任，即升為駐藏辦事大臣，至同治四年八月始卸任，十月離藏，在藏十年之久。

現籌辦理情形一摺。披楞欲假道布魯克巴赴藏。貿易傳教。已將布屬之甲昔巴桑卡，棟桑等處地方占奪。兩家交戰。各多傷亡。雖係蠻觸相爭。惟哲孟雄，布魯克巴，皆爲西藏南方屏蔽。布魯克巴既有與披楞構兵之事。藏屬邊防。必須豫籌布置。滿慶等已責成江孜戴琫，並附近邊界各營官。以派兵赴瞻對爲名。調集土兵操練。即著認眞訓練。嚴密佈防。不可稍涉張惶。致動外夷猜忌。其布魯克巴欲求唐古特於兵目財帛三項內幫助一項。以禦披楞。及披楞頭目稟稱欲借路赴藏各情。亦經滿慶等詳細指示達賴喇嘛妥辦。究係如何辦理之處。陳奏殊未清晰。披楞即係英國。雖與中國相安。而唐古特番眾。又不願彼國之人至藏貿易傳教。是巴屬求助。披楞赴藏。兩事均屬窒礙。該大臣等務須細心斟酌。妥籌至善。即將辦理之法。備細奏聞。景紋〔註10〕久已有旨飭令赴藏任事。如已抵藏。即著與滿慶，恩慶〔註11〕，會商妥辦。(《清代藏事奏牘》頁三三十)

二、藏軍已分佈各邊防禦摺（附上諭　同治四年九月戊子）

　　竊奴才等於本年六月初三日，承准軍機大臣字寄，同治四年五月初七日奉上諭，滿慶等奏，披楞聲言借路赴藏，與布魯克巴構兵，現籌辦理情形等因，欽此。遵查披楞邊界，自西藏東南隅連界之野番珞巴〔註12〕及白馬貴〔註13〕邊界起，繞至正南之布魯克巴，西南之哲孟雄，及廓爾喀正西之拉達克〔註14〕各外番邊界止，其間可通西藏路道頗多。是以覆咨達賴喇嘛，飭令協理事務諾門罕〔註15〕及噶布倫，將調派土兵認眞操練情形，照實開單，

〔註10〕　景紋，漢軍正黃旗人，咸豐十一年自庫車辦事大臣調駐藏辦事大臣，同治元年行抵打箭爐時，瞻對工布朗結爲亂，阻路不能前進，延至四年八月十九日始抵拉薩，於八年三月卸任。
〔註11〕　恩慶，蒙古正黃旗人，咸豐七年七月以古城領隊大臣賞副都統銜爲駐藏幫辦大臣，駐藏六年之久，於同治四年十二月病逝於藏地。
〔註12〕　珞巴，即今所稱之珞巴族。
〔註13〕　白馬貴，即今之白馬崗，在今西藏墨脫縣。
〔註14〕　拉達克，吐蕃王朝時期即爲西藏之領地，吐蕃王朝解體，朗達瑪之後裔於此地建立拉達克王朝，固始汗及其後裔與五世達賴統一藏地之時，與拉達克發生戰爭，拉達克歸於甘丹頗章政權之下，《大清一統志》(嘉慶)所載之藏地諸城均有其地，道光二十年前後爲今所稱之錫克族所侵，旋即侵入阿里，與西藏發生戰爭，西藏收復阿里而拉達克爲其所佔，但是拉達克進貢達賴喇嘛之例未變，今爲印度佔據。
〔註15〕　協理事務諾門罕，名汪曲結布，原爲比喜家族之人，幼入札什倫布寺爲僧，

呈請查核，如有未妥，以憑指示。咨據單開，西藏東南面由布魯克巴境內可通披楞邊界之達隆寺〔註16〕，打旺寺〔註17〕，已飭錯拉營官，俞仔〔註18〕營官，並達隆，打旺二寺所屬百姓，共派土兵一千二十名保守打旺寺，扼其險要。又西南面由哲孟雄境內，可通披楞邊界之帕克里營官地方，已飭該處營官並江孜，巴朗，堆沖，汪墊，朗嶺，甲錯，納布，嶺噶爾，拉噶孜十處營官，各揀精壯百姓，共派土兵六百八十六名，保守帕克里，扼其險要。仍責成江孜戴琫，稽查各處操練事宜，設有不虞，再以江孜留營番兵三百五十五名專爲接應帕克里。復飭奪宗，僧宗，嶺，仁本，聶母，奪，貢噶爾，曲水，達爾瑪，拉康，瓊結，扎溪，直谷，頗章，乃東，文扎卡，沃卡，桑葉，瓊科爾結十九處營官，共派土兵二千五十八名，以備接應打旺及帕克里之用。其西南隅鄰近拉達克，廓爾喀，披楞邊界，且有道路可以往來，爲藏屬通商總區之堆噶爾〔註19〕地方要路。德格橋〔註20〕隘口各山，即責成堆噶爾，宗喀，聶拉木，濟嚨，絨轄爾，雜仁，達壩噶爾，補仁，茹妥九處營官，稱打，絨瓊兩處莊頭，各按向來所備土兵，守望相助。復飭後藏戴琫，管帶如琫，甲琫，定琫，番兵四百四十四名，會同定結，仁孜，協噶爾，昔孜四處營官，所派土兵四百七十二名，防範定結一帶，以備接應堆噶爾及宗喀等處之用。其定日汛〔註21〕戴琫，如琫，甲琫，定琫，並存營番兵，仍照常駐

後入贅夏扎家族而爲該家族之長，參與驅逐森巴入侵阿里之戰爭後升任噶布倫，當時最著權勢者，後西藏貴族內爭，迫掌辦商上事務熱振呼圖克圖攜印逃京，汪由結布任掌辦商上事務，然掌辦商上事務熱振呼圖克圖雖逃京，該案未能審結，故駐藏大臣滿慶奏請給其之名號乃爲協理事務，諾門罕者爲清帝所賞之名號，因其爲俗人不便任此職也，故賞此名號。同治元年至同治三年實任掌辦商上事務一職。

〔註16〕達隆寺，似即今西藏洛扎縣雜熱鄉之拉隆寺，西藏另有一著名之達隆寺，位於今西藏林周縣境內，爲藏傳佛教達隆噶舉派之祖寺，然據此處言位置知非此達隆寺。

〔註17〕打旺寺，即達旺寺。

〔註18〕俞仔，《欽定理藩部則例・西藏通制》作峇孜，五品大缺。

〔註19〕堆噶爾，即阿里噶爾本。

〔註20〕德格橋，待考。

〔註21〕定日汛，本名第哩浪古，定日在清時期非宗，而因其地理位置之重要，乾隆五十六年廓爾喀侵藏後即設定日汛，漢藏均駐兵稽查出入，藏軍由一戴琫率兵五百駐守。《清史稿》言定日之位置曰，定日在札什倫布城西南七百餘里。駐守備一。有汛城。三面距邊，南有絨轄，西南有聶拉木，西有濟嚨，西北有宗喀。絨轄之東南有喀達，喀達之西南有陽布，俱接廓爾喀界。宗喀之南有布陵，南近廓爾喀，北接拉達克汗部落。其西北有薩喀，又西北極邊有阿里。

紮，認眞操練，非有緊急，不准擅離汛地。以上各處新派土兵應用刀槍弓箭長矛器械，皆已一律備辦齊全。仍派委妥實番目，不時潛赴各處巡查操練，免致疏懈。至推辭幫助布魯克巴一節，衹照平時往來信函應答，所有饋送金兩，仍以請誦經典爲名，亦未明言助彼軍需各等情前來。奴才等覆查該僧俗番員所辦上項事務，借布魯克巴之力以禦披楞，又能免披楞妄生猜測，不但尚屬妥貼，且無虛捏情弊，如能日久不弛，實堪自固邊圉。除俟駐藏大臣景紋抵藏接印後，奴才等再行籌商，總期妥善，以副聖主廑念邊陲至意。

御批，覽奏均悉。所陳防範披楞及暗助布魯克巴各節，尚爲妥協。著即隨時咨令達賴喇嘛，飭令派出各土兵及帶兵番員，扼要嚴防，認眞操練，以備不虞。該衙門知道。（《清代藏事奏牘》頁三三一）

三、布魯克巴與披楞啓釁東南藏邊嚴密防範片（同治四年九月初一日）

再，查唐古特所屬布魯克巴部落，去藏十餘站之程，緊與披楞地界接壤。今春二月間兩造擅啓釁端，殺傷披楞人數甚重。嗣經該商上揀派番官前往辦理，而披楞人眾業已退回。查藏屬邊界各隘口，東南兩面，緊接披楞地面極大，人煙稠密，雖一時暫行退去，將來必圖報復。奴才查知此情，當飭諾門罕〔註22〕暨噶布倫等凡靠披楞隘口之處，調派土兵嚴密防範，萬勿令其入境。現在藏營漢番官兵，奴才仍令常常操練，所以愼重邊防之至意。

奴才查明兩造大概啓釁情由，相應恭摺片奏，伏乞兩宮皇太后，皇上聖鑒。謹奏。（《清代藏事奏牘》頁三三九）

四、布魯克巴與披楞構釁披楞大股壓境邊界震動景紋仍巡閱春操親到隘口相機籌辦摺（同治五年三月初七日）

爲布魯克巴與披楞構釁，擅啓兵端，兩造已相持一年有餘，互相殺傷。現值雪淩消化，山無險阻，披楞大股業已出巢，邊界震動，人心均各惶亂，奴才體察各情，非親到隘口相機籌辦，不足以昭安愼，恭摺具奏，仰祈聖鑒事。

竊查布魯克巴與披楞構釁，及唐古忒派兵防範各情形，前經奴才滿慶等詳細奏明在案。嗣奴才到任後，即查知該兩造前已開仗數次，殺傷披楞甚眾，

〔註22〕諾門罕，爲羅布藏青饒汪曲，汪曲結布死後接任協理事務職，其人爲第七十六任噶勒丹池巴，亦爲第十二世達賴喇嘛之師。

奴才抵任，即將大概情形，附片陳明，當一面飭令噶布倫等，凡於隘口之處，
多派土兵，嚴密防範，並令隨時查探具報，旋據協理事務諾們罕羅布藏青饒
汪曲暨噶布倫等迭次稟稱，披布兩家，已成軍務情形，布魯克巴上次殺傷披
楞數千餘眾，並奪獲雌雄大炮二尊，布魯克巴雖一時獲勝，而披楞究屬勢大，
所以布魯克巴常慮其報復，屢次與商上來稟，索要金銀，並求添派土兵，若
不俯准，實在難以抵禦，祇好投誠披楞而已。商上僧俗番官等連日會議，若
允幫兵助餉，當此瞻對軍務將已平定，唐古忒地方力盡精衰，不但力不能抵，
且恐披楞知道無故結怨，以唐古忒彈丸之地，何能當披楞萬分之一。如置若
罔聞，布魯克巴與唐古忒實有唇齒相依之勢，彼一旦力不能支，唐古忒即有
累卵之危，應當如何辦理之處，總求指示等情。

　　奴才再四思維，披布互相爭鬥，總以和撫為是。詎布魯克巴一勇之氣，
不思萬安之計，殺傷披楞甚眾，擅開邊釁，現在兩造已成不解之勢，非唐古
忒派人從中說合，不能解此兵端。據噶布倫等同稱，布魯克巴平素貪婪無厭，
該部落無事之時，即時常差人來藏需求財帛，或藉天災水旱，求給賞需，唐
古忒已不堪其煩索，當此之際，唐古忒即專人前往說合，縱使披楞遵依斂兵
回巢，而布魯克巴無厭之求，即竭盡商庫之資，亦難飽其溪壑之欲，此兩造
辦理情形之難，勢實如此。

　　奴才正與諾們罕商籌之間，突於二月二十八九等日據帕克里，江孜及後
藏各隘口營官等告急夷稟，雪片而至。據稱披楞乘此冰雪消化之際，大股業
已出巢，詐稱數十餘萬，大約三月中旬，可以齊抵布魯克巴隘口，聲稱報復
前仇，其軍火糧食等項，連營數十里，聲勢甚大，所有各隘口人心均各惶亂，
當日布魯克巴亦專差頭目格什咱趕站來藏，呈遞告急夷稟，聲稱披楞勢大，
難以抵禦。該商上僧俗供職大小番官，齊集奴才衙門，求其妥籌辦理之法，
奴才覆查披布兩造，雖係蠻觸相爭，惟布魯克巴實乃唐古忒之門戶，當此披
楞大股壓境，已成岌岌之勢，彼若不能支持，於唐古忒關係甚大，奴才見事
勢已急，若仍責成該商上前往辦理，深恐一誤再誤，當飭令噶布倫等將原調
各隘口土兵，傳檄催齊，其槍刀器械，均宜齊整，非奴才親到隘口相機查辦，
不足以資妥慎。惟夷性犬羊，雖明示以合，而暗中不得不預〔註23〕為防備。
查前藏漢營番營因上年派兵防剿瞻酋，駐藏兵數無多，是以前任大臣奏請將
春秋操演暫行停止，迄今已屆五年之久，茲值邊防多事之秋，而武備尤不可

〔註23〕原文作予，今改預。

不加整頓，況防剿瞻對之兵，業已陸續凱撤回藏，奴才擬於三月十七八等日仍照向例，較閱漢番兩營春操演陣，並照例仍調達木八旗〔註24〕官兵前來會合操演，以示聲威，即一面暗中挑備精壯可靠者，聽候調遣。並擬帶噶布倫一員，守備一員，並辦公滿漢印房等，輕騎減從，擬於三月二十日後隨帶駐藏大臣關防一顆，自藏起程，先查後藏三汛隘口，仍暗中挑備，密授防範機宜，布置妥協，奴才即當趲站至布魯克巴隘口相機要辦，總期設法，使令兩造解釋舊怨，斂兵回巢，各守邊疆，以期仰副我皇上撫綏柔遠之道。

第現在披布事務已急，若稍羈時日，誠恐貽誤事機，是以奴才於拜摺後，即行由藏兼站起程，其藏中應辦日行事件，已委中軍游擊王虎臣代行代拆，如遇緊要事件，仍包封遞至行營，奴才自行妥為斟酌辦理。

所有奴才親巡各隘口暗中挑備兵弁緣由，相機籌辦披布兩造各情，俟辦理如何之處，再行詳細覆奏，理合恭摺奏聞，伏乞兩宮皇太后、皇上聖鑒。訓示。謹奏。於同治五年三月初七日具奏。

於本年六月　日奉到批回，奉旨，另有旨。（《清代藏事奏牘》頁三五三）

五、查辦披布兩造大概情形並報起程日期及捐廉賞給布番物件片
（同治四月二十六日）

再，奴才前將親赴隘口查辦披布兩造構釁一案，曾經奏明在案。正料理起程之際，值噶布倫彭錯策旺奪結〔註25〕由軍營趲站回藏，面請核奪瞻對善後各事件，奴才因查再再均關緊要，必得稍羈數日，又恐貽誤隘口事件，當於四月初二日先派噶布倫白瑪結布〔註26〕，署守備秦玉貴帶同漢番辦事可靠數員，漏夜趲站，前往隘口，以資彈壓。並令相機開導，勸息兵端，隨時稟報。茲於十六日據噶布倫，署守備等由六百里稟稱，現於初八日趕抵布魯克巴甲昔地方，確查兩造現在情形，披楞人數雖有十餘萬之眾，而布魯克巴山形險惡，林木叢雜，槍炮無所施展，以致屢次失利。但布魯克巴人貧地瘠，

〔註24〕達木八旗，清時期駐藏大臣直轄而不由甘丹頗章管理之部落，為藏北游牧之藏化之蒙古部落，《衛藏通志》載為青海蒙古入藏護衛五世達賴時所留之蒙古人後裔，清廷設八佐領，歸駐藏大臣直轄之。

〔註25〕噶布倫彭錯策旺奪結，屬於普隴家族，其家族之莊園位於瓊結附近，同治二年率藏軍入川參與平定瞻對工布朗結之亂，亂平後瞻對劃歸西藏管轄。

〔註26〕白瑪結布，屬帕拉家族，該家族為西藏著名之貴族，其之莊園位於江孜附近，今為中共闢作愛國主義教育基地者。據《西藏的貴族和政府　一七二九～一九五九》一書載該家族來源於布魯克巴。

口糧艱難，終有畏懼，難以日久抵禦，噶布倫等查知此情，尚可設法與兩造勸息。因查得兩界毗連之處，有松追呼畢勒罕品行高潔，素爲披楞敬服，當密令該呼畢勒罕赴披楞薩海營中婉言禍福，勸其兩下息兵，依然和好。該薩海經勸息開導之後，亦有悔悟之心，但云必得將前失雌雄兩炮交出，和議可成。該布魯克巴掌教總管沙布籠等亦願交還炮位，兩相息兵，第此重件，噶布倫等未敢擅便，專候按臨之日核奪辦理。

再，該掌教沙布籠，頭目終薩奔洛等面稱，連年與披楞打仗，所有布屬地方口糧銀錢，耗費已盡，現在眾兵口糧已斷，皆係殺馬度日，獵獸充饑，當此強敵在前，大眾實在難以枵腹抵禦，務求早爲賞發數千石口糧，茶葉酥油數百包，以資暫時度活。

噶布倫等覆查缺乏口糧一節，均是實在目睹情形。又據署守備秦玉貴等密稟，布魯克巴以唐古忒不發一兵，不助一餉，咸有憤恨商上之心，此次若再不俯從所請，人心解體，必致貽誤大事各等情，飛稟前來。

奴才覆查該員等稟稱，兩造相持日久，均有息爭欲和之意，自是實在情形。俟奴才趕赴隘口，再當妥爲斟酌籌辦。

惟布魯克巴懇求先爲賞發口糧一節，奴才再四思維，若令商上籌辦此款，上年商上因瞻對事務，耗費三十餘萬之多，每稱商庫告竭，所以布魯克巴屢祈無應，現在兩造既有欲和之意，尤當乘此以安布眾之心，奴才思念及此，未敢倚靠該商上籌辦此款，但現在藏庫空虛，支發無項，至今藩庫尚欠藏餉二十萬兩之多，奴才再四思維，是以自行捐買青稞一千五百石、茶葉一千甌、酥油五十包、大緞四件、天錦袍料四十件、小刀火鐮各四十件，並五色布匹哈達等物，剋日製辦齊全，即擬解往分賞。

因思布魯克巴賦性貪婪，若知奴才所賞，必起無厭之求，當此庫款支絀，焉能飽其所欲，再再熟思，祗可暗中發交商上，專差解交噶布倫白瑪結布處，仍作爲商上所給，既於軍需稍有小補，並可使布魯克巴始終感戴商上，究竟有顧惜之意，奴才復商同諾們罕、噶布倫等咸皆鼓舞稱是，當於二十一日將各物點交番目，同營弁連夜押解前往，奴才於二十六日拜摺後，即由藏起程，其藏中事件，已囑令諾們罕會同文武凡事和衷共濟，俟奴才行抵隘口，辦理如何之處，再爲詳細恭摺奏聞。

再，奴才此次捐賞布魯克巴青稞、酥油、茶葉各等物，共計合銀三千餘兩。惟藏庫現在空虛，支發無項，奴才以邊圍重地，既查知兩造有欲和之意，

未敢以庫中無項稍肆羈延，致誤邊情，是以自行捐辦各物，飭令迅速解往撫賞，早弭釁端，至此次所賞各物，奴才受恩深重，不敢仰邀天恩，合併聲明。

所有現查披布兩造大概情形及奴才起程日期各緣由，理合附片具奏，是否有當，伏乞兩宮皇太后、皇上聖鑒訓示。謹奏。於同治五年四月二十六日具奏。

於本年八月　日奉到批回，奉旨，覽奏均悉。披楞布魯克巴既有息爭之意，景紋自當於行抵隘口後，相機妥辦，以靖邊徼，所捐賞給布魯克巴銀，著交部從優議敘。（《清代藏事奏牘》頁三五九）

六、親赴帕克里查辦披楞與布魯克巴構釁與犒賞兩造息兵回牧並請獎出力人員摺（同治五年七月二十六日）

為奴才親赴帕克里地界，查辦披楞與布魯克巴構釁一案，經奴才設法開導後，兩造均各遵依斂兵回巢，現在地方肅清，謹將辦理情形，恭摺具奏，仰祈聖鑒事。

竊奴才前於四月二十六日由藏起程，赴三汛較閱營伍地界，並暗中挑備土兵各緣由，曾經詳細具奏在案。

茲奴才沿路趲將三汛營伍逐一詳加較閱，所演陣式及漢營馬步騎射番兵鳥槍準頭，尚屬聯絡整齊，已當場酌加獎賞，仍責令該管將弁戴琫等隨時勤加訓練，俾期一律純熟，以昭有備，而固邊圉，奴才即於三汛番營內暗挑精壯番兵一千名，令其密為預備，聽候調遣。

奴才詳查定日西南各隘口，與廓爾喀地界接壤，而披楞亦與廓爾喀毗連，但中有大河阻隔，披楞縱欲從布屬地面竄入定日邊界，非由廓爾喀地面不能越，至濟嚨，聶拉木，現在廓爾喀已派有防兵數千沿河一帶堵禦，最為嚴密，若由東北兩路，則干壩〔註27〕，定結一帶，已有防兵堵守，其定日各隘口，尚可暫緩添兵，奴才仍責成該汛戴琫留心防範，不得稍涉懈忽，奴才本擬親赴各隘口查閱，因恐羈延日久，貽誤事機，當委定日守備薛占超馳赴各隘口，取據輿圖各甘結，所有駐藏大臣巡邊例賞各隘口賞需，仍如數發交薛占超照例分賞，以示體恤而順番情。

奴才隨於五月初十日由定日起程，於十六日折回後拜摺後，次日即由干壩，定結一帶繞出帕克里地界，奴才周歷各隘口，查其所辦防堵事件，尚屬

〔註27〕干壩，即今西藏崗巴縣，與哲孟雄接壤，清時期屬班禪額爾德尼管轄。

嚴密，值噶布倫白瑪結布同漢番委員等均至帕克里地方迎候，當訊及現在辦理情形，據稱前次蒙專差發來酥油，茶包，青稞，綢緞各項賞需，當即按戶分賞布眾，咸皆踴躍感激，目下披布兩造，並未交兵，但披楞條擬數款，其詞張大，必令布魯克巴先行交還炮位，再議退兵之事，且言此次披楞傷亡甚眾，令欲撫和息兵，其應賠命價及犒軍之禮，作何辦理，而布魯克巴不但不能承認，必令披楞將兵全行撤退，始交炮位，且要披楞將先後所佔地全數退出，又言布屬以前租與披楞地土，因連年打仗，披楞即未付給租價，今請按年照數找補，兩造持此狡展，實有難合之勢各情，回稱前來。

　　奴才正躊躇間，於六月十七日接奉諭旨，景紋奏布魯克巴與披楞構釁親歷隘口相機籌辦一摺，著照所擬辦理，景紋抵布魯克巴後，務當不動聲色，將各隘口密為防範，仍相機籌辦，俾兩造釋舊怨，斂兵回巢，永息爭端，方為妥善等因。欽奉之下，仰見我皇上指示邊計，訓誨周詳，奴才遵奉之下，欽感欽佩，惟當竭力設法籌辦，早弭兵端，以期仰副朝廷撫綏懷柔之至意。奴才即與噶布倫等午夜密議此案，仍當責成該松迫呼畢勒罕等相機妥辦，彼深明黃教大體，必以生靈為念，且該呼畢勒罕接輩轉世於唐古忒地方，此時披布交兵，攸關唐布安危，該噶布倫曉之以大義，加之以撫賞，使其盡心辦理，事必有成，因密授該噶布倫等一切機宜，令其速回甲昔地方，妥為籌辦，但須嚴囑該呼畢勒罕不可洩露有漢番在此辦理等情。諭令去後，旋於七月初二日據噶布倫等差員稟稱，已將松迫呼畢勒罕同甲爾桑領呼畢勒罕暗暗調至行營，遵照所擬，層次開導，令其先往薩海營中。說以退兵之後，其炮位自有噶布倫一手交還，必不使從中撮合之人為難，至條約各事，自當商酌辦理，並囑令萬不可洩漏漢番在此，該呼畢勒罕等頗知大體，刻即馳赴薩海營盤，多方勸說，令其先行撤兵，自有該呼畢勒罕等交還炮位，當即對天盟誓，該薩海始行將兵分為數起撤退，由布屬探差稟報撤兵各情前來。噶布倫等始督令布魯克巴掌教頭目，交出炮位二尊，仍由該呼畢勒罕等轉交薩海收訖，該呼畢勒罕同蒙巴〔註28〕僧俗人等連日兩下勸說，始於六月二十七八九日約會布眾大小頭目及披楞帶兵各官，在於該呼畢勒罕寺院見面，大眾以禮勸說，逐款剖斷，惟披楞連年殺傷甚眾，要賠償命價一節，現布屬傷亡者亦復不少，而兩造均要命價，是無了期，均請免議。至於犒兵之禮，布屬連年爭戰，已是窮苦萬分，勢難措辦，即由大眾勸說之人，捐備牛二百隻羊四百隻作為犒

〔註28〕蒙巴，即今所稱門巴族者。

兵之用，至披楞所佔布屬地土，除此次打仗新占之地退出，其以前租佃布屬之地，仍照前按年交納租價，披楞連年尚應補交布屬租價一項，既免布屬犒師之禮，亦當免披楞找補租價，此項銀兩算明後，亦由撮合之人，照數捐出，以結此案，其餘條內瑣碎事件，奴才飭令噶布倫等密商該呼畢勒罕等，持平剖斷，務使兩造折服其心，永無後患，兩造均各出結遵依完案，又復當憑大眾盟誓，兩相息兵，照前和好，永無侵犯。現在披布之兵均各撤退回牧，地方照常安靜各情，稟報前來。

奴才覆查披布兩造擅啓兵端三年之久，幾至釀成不解之禍，若不設法與兩造釋怨解和，則邊境無寧靜之日，商屬地面，有累卵之危，況唐古忒辦理瞻對之案，已極筋疲力竭，萬難再行調兵備糧，若置之不顧，彼布魯克巴有失，唇亡必及於齒寒，奴才再四思維，不得已密令噶布倫籌辦牛羊犒賞披楞。算還租價，以安布眾，使兩造稍服其心，即可易於完案。奴才非不欲徹底究辦，第恐兵端一交，愈無底止，以布屬眾寡之不敵，而商上現在筋疲力盡，實有難與力爭之勢。奴才再再商同該漢番各官等，惟有審時度勢，權宜辦理，俾省兵力而蘇民困。但查披楞犬羊成性，陰謀奸險，即租地納價一節，是布屬貪得小利，自啓亂階，但歷年已久，勢難挽回，雖目下兩相和好息兵，更難保其異日無患，奴才惟當嚴飭商上，隨時暗修武備，以防未然，平日撫馭布眾，厚結其心，俾得使其實力捍衛，洵於商屬地面少可無虞，其善後尚須應辦一切事宜，奴才遠行日久，未便再羈，已責成噶布倫會同漢番僧俗等從容商辦，仍令隨時稟候酌奪，奴才即由帕克里起程，已於七月十二日回至前藏，至此次隨同在事漢番文武員弁，均能不辭勞瘁，深入不毛，解息兵端，使兩造斂兵回巢，不無微勞，相應請旨，可否准其獎勵之處，出自皇上逾格鴻仁，所有奴才親到隘口查辦披布兩造遵斷情由，現在均各斂兵回巢，地方肅清，及奴才起程回藏日期，理合恭摺具奏，是否有當，伏乞兩宮皇太后，皇上聖鑒訓示。謹奏。於同治五年七月二十六日具奏。

於本年十一月　日奉到批回，另有旨。

軍機大臣字寄駐藏大臣景紋，同治五年四月二十四日奉上諭，景紋奏布魯克巴與披楞構釁。親歷隘口相機籌辦一摺，布魯克巴前經殺傷披楞數千餘人，已成不解之仇，現披楞大股出巢，號稱數十萬，三月中旬可齊抵隘口，意在報復前仇，布魯克巴雖一時獲勝，究難與披楞相敵，若令唐古特從中說合，既恐布魯克巴逞其無厭之求，如聽其自然，於唐古特關係甚大，自應計

出萬全，以弭釁端，該大臣現擬親歷隘口查辦，一面藉閱春操爲名，暗中挑備精壯，聽候調遣，布置尚屬妥協，均著照所擬辦理。景紋抵布魯克巴後，務當不動聲色，將各隘口密爲防範，仍相機籌辦，俾兩造消釋舊怨，斂兵回巢，永息爭端，方爲妥善。將此由五百里諭令知之。欽此。遵旨寄信前來。（《清代藏事奏牘》頁三六一）

七、保奏披布構釁案內出力各員片（同治六年四月二十七日）

再，去歲揀派漢番文武各員，赴布魯克巴地方，辦理披布兩造構釁一案，該員等現在先後回藏，稟稱善後事宜，均已一律辦理完竣，各處土兵，分起均各撤退回牧，隘口肅清，流民各復原業。

又據商上稟請，所有在事出力漢番文武僧俗番目等，在事一年之久，異常艱辛，使地面轉危爲安，不無微勞，應如何分別獎勵之處，伏候酌奪辦理各等情。據此，奴才查披布鬥殺已屆三年之久，兩造傷亡，不計其數，已成不解之勢。當披楞大股壓境之時，前後藏均各震動，人心惶亂，奴才以事在吃緊，不能不親赴隘口，相機籌辦，是以揀派漢番文武各員，隨同奴才晝夜兼程，將各隘口防堵情形，布置妥協趕赴布魯克巴地界查看情形，密授機宜。幸賴我皇上鴻福，不動聲色，使披楞斂兵回巢，布眾俯首聽斷，邊界肅清，人民安堵。其在事出力漢番文武，僧俗，番目等均係自備資斧，深入蠻荒，往來一年之久，並無村莊住牧，均各裹糧露宿，又兼山路崎嶇，天時寒冷，實屬異常艱辛，並能遵授機宜，和衷共濟，解釋兩造兵端，潛消邊禍，洵屬著有微勞。可否仰懇天恩，准其將出力人員，擇優奏保之處，奴才未敢擅便，理合附片具奏，伏乞兩宮皇太后，皇上聖鑒訓示。謹奏。於同治六年四月二十七日具奏。

於本年　月　日奉到批回，軍機大臣奉旨，准其擇優保奏，毋許冒濫。欽此。（《清代藏事奏牘》頁三七九）

八、酌核辦理披布和約案內出力人員摺　附清單（同治七年二月二十九日）

爲遵旨酌核辦理披楞與布魯克巴和約案內，在事尤爲出力漢番文武僧俗頭目，籲懇天恩鼓勵，以昭激勸，恭摺仰祈聖鑒事。

竊奴才因上年披楞傾隊出巢，已至布魯克巴地界，連營數十里，聲勢甚

大，邊界震動，兩藏人心，均各惶亂。奴才是以帶領漢番文武員弁土兵，親赴隘口查辦，曾將先後辦理各情均經具奏在案，迨善後一律完竣。奴才懇將在事出力人員，可否仰邀天恩，擇優保奏。於同治六年奉到硃批，准其擇優奏保，勿許冒濫等因，欽此。仰見我皇上慎重邊圉，微勞必錄，奴才自應詳加核實，何敢稍肆冒濫。覆查披布互相仇殺，已及三年之久，所有商屬各隘口，連年祇知添兵堵禦，並未籌其弭兵之法。奴才到任後，查知此案啓釁情由，深以為慮，當將大概情形奏報在案。突於同治四年十月內布魯克巴頭目恃其一勇之氣，率領布眾，襲殺披楞數千餘人，奪獲雌雄大炮二尊，以此兩相仇恨，愈成不解之勢。次年春間披楞傾隊出巢，共集十萬餘眾，詐傳數十萬，口稱報復前仇，直抵布魯克巴地界，連營數十里，聲勢甚大，當時不獨布魯克巴人心驚惶，即前後藏均各震動惶亂。奴才查知事勢吃緊，當即揀派得力漢番文武員弁，趕赴隘口，相機籌辦。途次接奉上諭，景紋奏布魯克巴與披楞構釁親赴隘口相機籌辦一摺，著照所請辦理。景紋抵布魯克巴後，務當不動聲色，將隘口密為防範，仍相機與兩造解釋舊怨，斂兵回巢，永息爭端，方為妥善等因。欽此。欽遵，奴才自應仰體聖訓，設法維持，總期與兩造解怨和好，消弭兵端，用副我皇上訓誨之至意。惟時披楞恃其勢眾糧足，深恨布眾襲殺之仇，誓欲踏平布魯克巴地面，並且實有乘便覬覦兩藏之心，為害更甚。該布魯克巴不但人力單薄，更兼錢糧缺乏，早已不能支持。此兩造強弱之實在情形，當此之際，欲求與兩造解怨和好，消弭干戈，辦理諸多掣肘。此案奴才得以不動聲色，成此和約，實皆自皇上鴻福，暨漢番各員不避艱險，始終並未折兵費餉，兩造斂兵回巢，其在事出力漢番文武各員，雖未臨陣殺賊克復地方，然口外蠻荒，均係羊腸鳥道，終日冒雪履冰，備極艱險，均能奮不顧身，成此和約，消滅已成之軍務，和息不解之兵端，生靈免於塗炭，地面危而複安。查該漢番各員，自委派以來，均係自備資斧，裹糧露宿，日夜艱辛，深入蠻荒野地，往反數月之久。當奴才行抵隘口之時，正值賊勢猖獗，奴才頭次委派該員等，設法繞路赴松追呼畢勒罕寺院約會和議。該員等知事在吃緊，恐繞道耽延，當夜改裝易服，越過披楞連營，不意猝被遊兵所困，馬匹行李擄掠一空。迨呼畢勒罕知信急救，該員等均各身帶重傷，洵屬奮勇任事，不避生死，始終贊成和約，消滅邊禍，實屬著有微勞。自善後完竣，至今已逾年餘，兩造和好愈固，邊情日益安堵，具見辦理一切，諸臻妥善。自應籲懇天恩，破格獎勵，以昭激勸。惟此案尤為出力之噶布倫白

瑪結布因夜過敵營，受傷甚重，兼之軍營積受濕熱，眼目失明，動履維艱，業經辭職安居調養，自稱不敢以病軀仰邀獎勵，已由達賴喇嘛查照番例，撥給莊田，厚恤其家，奴才捐廉，重加撫賞，以資表揭。其餘漢番僧俗尚多，奴才未敢稍肆冒濫，連日會同呼圖克圖〔註29〕詳加核實，減之又減，謹將始終在事，尤為奮勉出力漢番數員，敬繕清單，恭呈御覽，伏候恩施。其次番營出力人員，由達賴喇嘛賞給莊田，酌減差徭，其漢營兵弁，由奴才存記應升之缺，隨時拔補，俾得以示鼓勵。

所有遵旨酌保出力漢番人員各情由，理合恭摺具請皇太后，皇上聖鑒訓示。謹奏。於同治七年二月二十九日具奏。

於本年五月二十七日奉到批回，軍機大臣奉旨，許以增等均著照所請獎勵，餘依議，該衙門知道。欽此。

謹將在事尤為奮勉出力漢番文武僧俗頭目，敬繕清單恭呈御覽。

候選同知許以增，同知銜鳳伸，盡先校騎校祥清，候選縣丞黃鎧，候選典史馬錫縉，當披楞抵境之時，人心惶亂，奴才深慮布眾恃勇輕動，非先揀派得力可靠之員，星往彈壓，不足以安人心。因查該各員練達番情，曉暢戎機，是以將此重任，責成該員等同噶布倫，隨帶賞項，不分星夜趕赴甲昔地方，先將人心穩住，尤當設法阻止兩造動兵。該員等兼程七晝夜，趕抵營盤，日夜設法開導，折服兩造之心，均各遵依，暫時息兵，人情始安。奴才趕抵隘口，詳查披布兩家兇焰正熾，該員等能以阻止兩造停兵，不令動兵相攻，其才識膽勇，均堪嘉獎。奴才以松追呼畢勒罕應承主持和議。奴才初到之際，自應先派委員，赴該寺通好，並可就近令該呼畢勒罕赴薩海營盤，查看情形，當密授一切辦理之法，總期迅為了結，惟時披楞連營數十里，往來道阻。奴才因派該員同噶布倫，設法繞路赴松追寺院。該員等以事在吃緊，更兼披楞陰險，時刻變改前言，若再繞路耽延，一經動兵開仗，全域皆誤。當一面知會該寺，即於是夜輕騎減從，改易服色，直衝營盤經過，不意於達壩地方，猝逢遊兵，不容分說，槍刀圍攻，迨呼畢勒罕遣人急救，該員等馬匹行李盡被奪去，均各身帶重傷。至寺之日，即遵照奴才所授機宜，先以善言撫馭該呼畢勒罕，得其歡心，然後密議辦理之法，其間均屬用盡心力，始得成此和約，永息干戈。查披布兩家兵端已開，安危在於呼吸，若非該員等設法阻住兩造開仗，則兵連禍結，愈無底止，嗣委派約會和議，復不敢繞路耽延，奮勇

〔註29〕呼圖克圖，即協理事務諾們罕羅布藏青饒汪曲。

冒險，成此和約，實屬急公任事，奮不顧身。藍翎候選同知許以增請以本班同知，不論雙單月遇缺前盡先選用，請賞加運同銜並請賞換花翎。同知銜鳳伸請賞戴花翎，藍翎軍功班前盡先驍騎校祥清，請以守備留於綠營盡先補用。六品頂戴藍翎軍功班前即選縣丞黃鎧，請以知縣不論雙單月遇缺即選並請賞加同知銜。候選典史馬錫縉請以縣丞不論雙單月遇缺前先選用，並請賞戴藍翎，留川補用。縣丞伍什杭阿，候選縣丞馬來賓，盡先千總蕭佔先〔註30〕，經奴才派令該員等，輪流在各隘彈壓土兵，不得妄動，均各不辭勞瘁，日夜親歷各營彈壓，藉資得力，嗣派赴哲孟雄地方採辦犒賞牛羊，往來蠻荒鳥道，冒雪履冰，備極艱辛，均能依限如數繳齊。復派令清算租價，勘明兩造界限，尤能折服其心，在事數月之久，始終奮勉任事，洵屬著有微勞，藍翎軍功班前留川補用縣丞伍什杭阿俟補缺後請以知縣用。候選縣丞馬來賓請以縣丞歸軍功班前盡先選用。花翎盡先千總蕭佔先請以守備盡先補用。譯字房書張日昶派隨委員赴松迫寺翻譯字話，途遇遊兵，受傷甚重，辦理此次和約，機宜布置，雖出奴才所授，其中撫馭開導，非折服其心，和約焉能速成，實皆翻譯得力，辦事可靠。六品頂戴譯字房書張日昶請賞戴藍翎。松迫呼畢勒罕羅布藏丹增，幾次親赴薩海營盤設法開導，約會該頭目至寺，委員等得以見機辦理，始有成效，洵屬深明大體，為眾敬禮，呼畢勒罕羅布藏丹增請賞加福慧禪師名號。甲爾桑領呼畢勒罕羅布藏楚稱嘉木結帶領蒙巴僧俗頭目至松迫寺幫同勸導，和議賴以有成，並約會布魯克巴各頭目與薩海見面，兩造各釋猜疑，和議始定，在事不無微勞，呼畢勒罕羅布藏楚稱嘉木結請賞加靖遠禪師名號。布魯克巴大頭目終薩奔落，當披楞抵境之日，人心惶亂，咸欲奮勇一戰，如其不敵，大眾各自逃散求生，該頭目一力維持勸阻，嗣委員等到營，該頭目屢次嚴禁布眾，不准輕動，使遵約束，靜候辦理，均屬深明大體。大頭目終薩奔落請賞給四品花翎，以示鼓勵，而資彈壓。

　　以上單保各員與部定新章，稍有未符，伏念口外蠻荒與內地不同，山多崎嶇羊腸，又無住牧村莊，皆係自帶乾糧，隨處歇宿，實屬異常艱辛。兼之近年藏庫支絀，每遇差遣，皆令自備〔註31〕資斧，以此人多視為畏途。此次

〔註30〕蕭佔先，此處知同治七年時蕭佔先為一千總，至光緒十四年英印侵藏之時已升任署江孜守備職，知其已於藏中任職二十餘年矣。時藏軍戰敗而逃，英印追之甚急，蕭佔先豎一書有漢字之旗幟阻止英印兵，英官允諾，始未窮追，面許靜候辦理，事後清德宗獎諭曰若非蕭佔先臨機應變，阻遏英兵，藏中情形，幾同瓦解，該守備膽識可嘉，著先傳旨獎勵，俟事定後從優保奏。

〔註31〕原文作各，今改正。

所派各員，不但辛勤賠累，並且因公受傷，始終不辭勞瘁，成此和約。且查各員均經在事迭著勞績，皆由奴才核實存記，始敢列入保單，合無籲懇天恩，俯念邊防重地，差委之員，此案可否仰蒙俞允，將來遇有緊急，夷務人員，咸知自奮，洵於邊務一切公事，均沾裨益，奴才愚昧之見，合併聲明。（《清代藏事奏牘》頁三九十）。

九、噶布倫白瑪結布因病辭退遺缺揀擬正陪請旨簡放摺（同治六年二月二十日）

為噶布倫因眼目不明辭退，遺缺揀擬番員，請旨補放，恭摺奏祈聖鑒事。

竊據達賴喇嘛咨，三品噶布倫白瑪結布因眼目不明，難以辦公，應即揀員，擬定正陪，咨請循例具奏，懇祈簡放一名，以資治理等由前來。

奴才查商上四品商卓特巴〔註32〕密瑪策忍，人甚明白，熟悉公事，謹以擬正。後藏四品戴琫貢布彭錯人亦可靠，辦事穩練，謹以擬陪，除繕具該員等年歲履歷清單，恭呈御覽，祗候簡放一名，俾資治理，為此恭摺具奏，伏乞兩宮皇太后，皇上聖鑒訓示。謹奏。

謹將商上四品商卓特巴密瑪策忍，四品戴琫貢布彭錯二員年歲履歷。敬繕清單，恭呈御覽。

計開

擬正密瑪策忍年三十八歲，咸豐元年充當東科爾，薦升今職，人甚明白，熟悉公事。

擬陪貢布彭錯年四十六歲，道光十九年充當東科爾，薦升今職，人亦可靠，辦事穩練。於同治六年二月二十日具奏。

於本年　月　日奉到批回軍機大臣奉旨，另有旨。（《清代藏事奏牘》頁三七八）

〔註32〕商卓特巴，管理大喇嘛庫務之人，財力雄厚之大活佛多設之，西藏政府之商卓特巴清制四品。